⊢尺丹几乙し丹⊢と
Translated Language Learning

The Communist Manifesto
Det Kommunistiske Manifest

Karl Marx
&
Friedrich Engels

English / Dansk

Copyright © 2024 Tranzlaty
Published by Tranzlaty
ISBN: 978-1-83566-438-4
Original text by Karl Marx and Friedrich Engels
The Communist Manifesto
First published in 1848
www.tranzlaty.com

Introduction
Indførelsen

A spectre is haunting Europe — the spectre of Communism
Et spøgelse hjemsøger Europa — kommunismens spøgelse
All the Powers of old Europe have entered into a holy alliance to exorcise this spectre
Alle magter i det gamle Europa har indgået en hellig alliance for at uddrive dette spøgelse
Pope and Czar, Metternich and Guizot, French Radicals and German police-spies
Paven og zaren, Metternich og Guizot, franske radikale og tyske politispioner
Where is the party in opposition that has not been decried as Communistic by its opponents in power?
Hvor er det oppositionsparti, der ikke er blevet fordømt som kommunistisk af sine modstandere ved magten?
Where is the Opposition that has not hurled back the branding reproach of Communism, against the more advanced opposition parties?
Hvor er oppositionen, der ikke har kastet kommunismens brændevaremærkebebrejdelse tilbage mod de mere avancerede oppositionspartier?
And where is the party that has not made the accusation against its reactionary adversaries?
Og hvor er det parti, der ikke har fremsat anklagen mod sine reaktionære modstandere?
Two things result from this fact
To ting følger af denne kendsgerning
I. Communism is already acknowledged by all European Powers to be itself a Power
I. Kommunismen er allerede anerkendt af alle europæiske magter som en magt
II. It is high time that Communists should openly, in the face of the whole world, publish their views, aims and tendencies

II. Det er på høje tid, at kommunisterne åbent, over for hele
verden, offentliggør deres synspunkter, mål og tendenser
**they must meet this nursery tale of the Spectre of
Communism with a Manifesto of the party itself**
de må møde denne børnefortælling om kommunismens
spøgelse med et manifest fra selve partiet
**To this end, Communists of various nationalities have
assembled in London and sketched the following Manifesto**
Med henblik herpå har kommunister af forskellige
nationaliteter samlet sig i London og skitseret følgende
manifest
**this manifesto is to be published in the English, French,
German, Italian, Flemish and Danish languages**
Dette manifest skal offentliggøres på engelsk, fransk, tysk,
italiensk, flamsk og dansk
**And now it is to be published in all the languages that
Tranzlaty offers**
Og nu skal den udgives på alle de sprog, som Tranzlaty
tilbyder

Bourgeois and the Proletarians
Borgerskabet og proletarerne

The history of all hitherto existing societies is the history of class struggles
Historien om alle hidtil eksisterende samfund er klassekampens historie

Freeman and slave, patrician and plebeian, lord and serf, guild-master and journeyman
Frimand og slave, patricier og plebejer, herre og livegen, lavsmester og svend

in a word, oppressor and oppressed
kort sagt, undertrykker og undertrykt

these social classes stood in constant opposition to one another
Disse sociale klasser stod i konstant modsætning til hinanden

they carried on an uninterrupted fight. Now hidden, now open
de førte en uafbrudt kamp. Nu skjult, nu åbent

a fight that either ended in a revolutionary re-constitution of society at large
en kamp, der enten endte i en revolutionær rekonstruktion af samfundet som helhed

or a fight that ended in the common ruin of the contending classes
eller en kamp, der endte med de stridende klassers fælles ruin

let us look back to the earlier epochs of history
Lad os se tilbage på de tidligere epoker i historien

we find almost everywhere a complicated arrangement of society into various orders
Vi finder næsten overalt en kompliceret opstilling af samfundet i forskellige ordener

there has always been a manifold gradation of social rank
der har altid været en mangfoldig graduering af social rang

In ancient Rome we have patricians, knights, plebeians, slaves

I det gamle Rom har vi patriciere, riddere, plebejere, slaver
in the Middle Ages: feudal lords, vassals, guild-masters, journeymen, apprentices, serfs
i middelalderen: feudalherrer, vasaller, lavsmestre, svende, lærlinge, livegne
in almost all of these classes, again, subordinate gradations
i næsten alle disse klasser, igen underordnede gradueringer
The modern Bourgeoisie society has sprouted from the ruins of feudal society
Det moderne borgerlige samfund er spiret frem af ruinerne af det feudale samfund
but this new social order has not done away with class antagonisms
Men denne nye samfundsorden har ikke afskaffet klassemodsætningerne
It has but established new classes and new conditions of oppression
Den har kun etableret nye klasser og nye betingelser for undertrykkelse
it has established new forms of struggle in place of the old ones
den har etableret nye kampformer i stedet for de gamle
however, the epoch we find ourselves in possesses one distinctive feature
Men den epoke, vi befinder os i, har et særpræg
the epoch of the Bourgeoisie has simplified the class antagonisms
bourgeoisiets epoke har forenklet klassemodsætningerne
Society as a whole is more and more splitting up into two great hostile camps
Samfundet som helhed splittes mere og mere op i to store fjendtlige lejre
two great social classes directly facing each other: Bourgeoisie and Proletariat
to store sociale klasser direkte over for hinanden: Bourgeoisie og proletariat

From the serfs of the Middle Ages sprang the chartered burghers of the earliest towns

Fra middelalderens livegne udsprang de chartrede borgere i de tidligste byer

From these burgesses the first elements of the Bourgeoisie were developed

Fra disse borgerskaber udviklede de første elementer af bourgeoisiet

The discovery of America and the rounding of the Cape

Opdagelsen af Amerika og rundingen af Kap

these events opened up fresh ground for the rising Bourgeoisie

disse begivenheder åbnede ny jord for det fremvoksende bourgeoisi

The East-Indian and Chinese markets, the colonisation of America, trade with the colonies

De østindiske og kinesiske markeder, koloniseringen af Amerika, handel med kolonierne

the increase in the means of exchange and in commodities generally

Stigningen i byttemidlerne og i varer i almindelighed

these events gave to commerce, navigation, and industry an impulse never before known

Disse begivenheder gav handel, navigation og industri en impuls, der aldrig før er kendt

it gave rapid development to the revolutionary element in the tottering feudal society

Det gav hurtig udvikling til det revolutionære element i det vaklende feudale samfund

closed guilds had monopolised the feudal system of industrial production

lukkede laug havde monopoliseret det feudale system for industriproduktion

but this no longer sufficed for the growing wants of the new markets

men dette var ikke længere tilstrækkeligt til de nye markeders
voksende behov
**The manufacturing system took the place of the feudal
system of industry**
Fremstillingssystemet trådte i stedet for det feudale
industrisystem
**The guild-masters were pushed on one side by the
manufacturing middle class**
Laugsmestrene blev skubbet til side af den manufakturistiske
middelklasse
**division of labour between the different corporate guilds
vanished**
arbejdsdelingen mellem de forskellige virksomhedslaug
forsvandt
the division of labour penetrated each single workshop
arbejdsdelingen trængte ind i hvert enkelt værksted
**Meantime, the markets kept ever growing, and the demand
ever rising**
I mellemtiden blev markederne ved med at vokse, og
efterspørgslen steg stadigt
Even factories no longer sufficed to meet the demands
Selv fabrikker var ikke længere tilstrækkelige til at opfylde
kravene
**Thereupon, steam and machinery revolutionised industrial
production**
Herefter revolutionerede damp og maskiner
industriproduktionen
**The place of manufacture was taken by the giant, Modern
Industry**
Pladsen for manufakturen blev overtaget af den gigantiske,
moderne industri
**the place of the industrial middle class was taken by
industrial millionaires**
den industrielle middelklasses plads blev overtaget af
industrielle millionærer

**the place of leaders of whole industrial armies were taken
by the modern Bourgeoisie**

Pladsen som ledere af hele industrihære blev overtaget af det
moderne bourgeoisi

**the discovery of America paved the way for modern industry
to establish the world market**

opdagelsen af Amerika banede vejen for, at den moderne
industri kunne etablere verdensmarkedet

**This market gave an immense development to commerce,
navigation, and communication by land**

Dette marked gav en enorm udvikling til handel, navigation
og kommunikation til lands

**This development has, in its time, reacted on the extension
of industry**

Denne udvikling har i sin tid reageret på udvidelsen af
industrien

**it reacted in proportion to how industry extended, and how
commerce, navigation and railways extended**

den reagerede i forhold til, hvordan industrien voksede, og
hvordan handel, skibsfart og jernbaner udvidede sig

**in the same proportion that the Bourgeoisie developed, they
increased their capital**

i samme forhold som bourgeoisiet udviklede sig, øgede de
deres kapital

**and the Bourgeoisie pushed into the background every class
handed down from the Middle Ages**

og bourgeoisiet skubbede alle klasser, der var gået i arv fra
middelalderen, i baggrunden

**therefore the modern Bourgeoisie is itself the product of a
long course of development**

derfor er det moderne bourgeoisi selv et produkt af et langt
udviklingsforløb

**we see it is a series of revolutions in the modes of
production and of exchange**

Vi ser, at det er en række omvæltninger i produktions- og
udvekslingsmåderne

Each developmental Bourgeoisie step was accompanied by a corresponding political advance

Hvert udviklingsborgerskabs skridt blev ledsaget af et tilsvarende politisk fremskridt

An oppressed class under the sway of the feudal nobility

En undertrykt klasse under den feudale adels herredømme

an armed and self-governing association in the mediaeval commune

En væbnet og selvstyrende forening i middelalderkommunen

here, an independent urban republic (as in Italy and Germany)

her en uafhængig byrepublik (som i Italien og Tyskland)

there, a taxable "third estate" of the monarchy (as in France)

dér et skattepligtigt "tredje stand" af monarkiet (som i Frankrig)

afterwards, in the period of manufacture proper

efterfølgende, i den egentlige fremstillingsperiode

the Bourgeoisie served either the semi-feudal or the absolute monarchy

borgerskabet tjente enten det halvfeudale eller det absolutte monarki

or the Bourgeoisie acted as a counterpoise against the nobility

eller bourgeoisiet optrådte som en modvægt til adelen

and, in fact, the Bourgeoisie was a corner-stone of the great monarchies in general

og i virkeligheden var bourgeoisiet en hjørnesten i de store monarkier i almindelighed

but Modern Industry and the world-market established itself since then

men den moderne industri og verdensmarkedet har etableret sig siden da

and the Bourgeoisie has conquered for itself exclusive political sway

og bourgeoisiet har erobret sig eksklusivt politisk herredømme

it achieved this political sway through the modern representative State

den opnåede denne politiske magt gennem den moderne repræsentative stat

The executives of the modern State are but a management committee

Den moderne stats udøvere er kun en forvaltningskomité

and they manage the common affairs of the whole of the Bourgeoisie

og de styrer hele bourgeoisiets fælles anliggender

The Bourgeoisie, historically, has played a most revolutionary part

Bourgeoisiet har historisk set spillet en yderst revolutionær rolle

wherever it got the upper hand, it put an end to all feudal, patriarchal, and idyllic relations

Hvor den end fik overtaget, gjorde den en ende på alle feudale, patriarkalske og idylliske forbindelser

It has pitilessly torn asunder the motley feudal ties that bound man to his "natural superiors"

Den har ubarmhjertigt revet de brogede feudale bånd i stykker, der bandt mennesket til dets "naturlige overordnede"

and it has left remaining no nexus between man and man, other than naked self-interest

og det har ikke efterladt nogen forbindelse mellem mand og mand, andet end nøgen egeninteresse

man's relations with one another have become nothing more than callous "cash payment"

menneskets forhold til hinanden er ikke blevet andet end afstumpet "kontant betaling"

It has drowned the most heavenly ecstasies of religious fervour

Den har druknet den mest himmelske ekstase af religiøs glød

it has drowned chivalrous enthusiasm and philistine sentimentalism

den har druknet ridderlig entusiasme og spidsborgerlig
sentimentalisme
**it has drowned these things in the icy water of egotistical
calculation**
den har druknet disse ting i den egoistiske beregnings iskolde
vand
It has resolved personal worth into exchangeable value
Det har opløst personlig værdi til bytteværdi
**it has replaced the numberless and indefeasible chartered
freedoms**
den har erstattet de utallige og uomgængelige chartrede
frihedsrettigheder
**and it has set up a single, unconscionable freedom; Free
Trade**
og den har skabt en enkelt, samvittighedsløs frihed; Frihandel
In one word, it has done this for exploitation
Med ét ord har den gjort dette for udnyttelse
exploitation veiled by religious and political illusions
udnyttelse tilsløret af religiøse og politiske illusioner
**exploitation veiled by naked, shameless, direct, brutal
exploitation**
udnyttelse tilsløret af nøgen, skamløs, direkte, brutal
udnyttelse
**the Bourgeoisie has stripped the halo off every previously
honoured and revered occupation**
bourgeoisiet har fjernet glorien fra enhver tidligere hædret og
æret beskæftigelse
**the physician, the lawyer, the priest, the poet, and the man
of science**
lægen, advokaten, præsten, digteren og videnskabsmanden
**it has converted these distinguished workers into its paid
wage labourers**
den har forvandlet disse fremtrædende arbejdere til sine
lønnede lønarbejdere
**The Bourgeoisie has torn the sentimental veil away from the
family**

Borgerskabet har revet det sentimentale slør væk fra familien

and it has reduced the family relation to a mere money relation

og det har reduceret familieforholdet til blot et pengeforhold

the brutal display of vigour in the Middle Ages which Reactionists so much admire

den brutale opvisning af kraft i middelalderen, som reaktionisterne beundrer så meget

even this found its fitting complement in the most slothful indolence

Selv dette fandt sit passende supplement i den mest dovne dovenskab

The Bourgeoisie has disclosed how all this came to pass

Bourgeoisiet har afsløret, hvordan alt dette skete

The Bourgeoisie have been the first to show what man's activity can bring about

Bourgeoisiet har været det første til at vise, hvad menneskets virksomhed kan frembringe

It has accomplished wonders far surpassing Egyptian pyramids, Roman aqueducts, and Gothic cathedrals

Det har udrettet vidundere, der langt overgår egyptiske pyramider, romerske akvædukter og gotiske katedraler

and it has conducted expeditions that put in the shade all former Exoduses of nations and crusades

og det har gennemført ekspeditioner, der har sat alle tidligere Exoduser af nationer og korstog i skyggen

The Bourgeoisie cannot exist without constantly revolutionising the instruments of production

Bourgeoisiet kan ikke eksistere uden konstant at revolutionere produktionsmidlerne

and thereby it cannot exist without its relations to production

og derfor kan den ikke eksistere uden sine relationer til produktionen

and therefore it cannot exist without its relations to society

og derfor kan den ikke eksistere uden sine relationer til
samfundet
all earlier industrial classes had one condition in common
Alle tidligere industriklasser havde én betingelse til fælles
**they relied on the conservation of the old modes of
production**
de var afhængige af bevarelsen af de gamle produktionsmåder
**but the Bourgeoisie brought with it a completely new
dynamic**
men bourgeoisiet bragte en helt ny dynamik med sig
**Constant revolutionizing of production and uninterrupted
disturbance of all social conditions**
Konstant revolutionering af produktionen og uafbrudt
forstyrrelse af alle sociale forhold
**this everlasting uncertainty and agitation distinguishes the
Bourgeoisie epoch from all earlier ones**
denne evige usikkerhed og agitation adskiller borgerskabets
epoke fra alle tidligere
**previous relations with production came with ancient and
venerable prejudices and opinions**
tidligere forhold til produktionen kom med gamle og
ærværdige fordomme og meninger
but all of these fixed, fast-frozen relations are swept away
Men alle disse faste, fastfrosne relationer fejes væk
**all new-formed relations become antiquated before they can
ossify**
Alle nydannede relationer bliver forældede, før de kan stivne
All that is solid melts into air, and all that is holy is profaned
Alt, hvad der er fast, smelter til luft, og alt, hvad der er helligt,
vanhelliges
**man is at last compelled to face with sober senses, his real
conditions of life**
mennesket er endelig tvunget til at se sine virkelige
livsbetingelser i øjnene med nøgterne sanser
and he is compelled to face his relations with his kind
og han er tvunget til at se sine relationer i øjnene med sin slags

The Bourgeoisie constantly needs to expand its markets for its products

Borgerskabet har konstant brug for at udvide sine markeder for sine produkter

and, because of this, the Bourgeoisie is chased over the whole surface of the globe

og på grund af dette jages bourgeoisiet over hele klodens overflade

The Bourgeoisie must nestle everywhere, settle everywhere, establish connections everywhere

Bourgeoisiet må putte sig overalt, bosætte sig overalt, etablere forbindelser overalt

The Bourgeoisie must create markets in every corner of the world to exploit

Bourgeoisiet må skabe markeder i alle verdenshjørner for at udbytte

the production and consumption in every country has been given a cosmopolitan character

Produktionen og forbruget i alle lande har fået en kosmopolitisk karakter

the chagrin of Reactionists is palpable, but it has carried on regardless

reaktionisternes ærgrelse er til at tage og føle på, men den er fortsat uanset

The Bourgeoisie have drawn from under the feet of industry the national ground on which it stood

Bourgeoisiet har under industriens fødder trukket det nationale grundlag, hvorpå det stod

all old-established national industries have been destroyed, or are daily being destroyed

alle gamle nationale industrier er blevet ødelagt eller bliver dagligt ødelagt

all old-established national industries are dislodged by new industries

alle gamle etablerede nationale industrier fortrænges af nye industrier

their introduction becomes a life and death question for all civilised nations

deres indførelse bliver et spørgsmål om liv og død for alle civiliserede nationer

they are dislodged by industries that no longer work up indigenous raw material

de fjernes af industrier, der ikke længere oparbejder indenlandske råmaterialer

instead, these industries pull raw materials from the remotest zones

i stedet trækker disse industrier råmaterialer fra de fjerneste zoner

industries whose products are consumed, not only at home, but in every quarter of the globe

Industrier, hvis produkter forbruges ikke kun i hjemmet, men i alle dele af kloden

In place of the old wants, satisfied by the productions of the country, we find new wants

I stedet for de gamle behov, der tilfredsstilles af landets produktioner, finder vi nye behov

these new wants require for their satisfaction the products of distant lands and climes

Disse nye behov kræver for at tilfredsstille produkter fra fjerne lande og himmelstrøg

In place of the old local and national seclusion and self-sufficiency, we have trade

I stedet for den gamle lokale og nationale afsondrethed og selvforsyning har vi handel

international exchange in every direction; universal inter-dependence of nations

international udveksling i alle retninger; Universel indbyrdes afhængighed mellem nationer

and just as we have dependency on materials, so we are dependent on intellectual production

og ligesom vi er afhængige af materialer, er vi afhængige af intellektuel produktion

The intellectual creations of individual nations become common property

De enkelte nationers intellektuelle frembringelser bliver fælles ejendom

National one-sidedness and narrow-mindedness become more and more impossible

National ensidighed og snæversynethed bliver mere og mere umulig

and from the numerous national and local literatures, there arises a world literature

og fra de talrige nationale og lokale litteraturer opstår der en verdenslitteratur

by the rapid improvement of all instruments of production

ved hurtig forbedring af alle produktionsinstrumenter

by the immensely facilitated means of communication

ved hjælp af de uhyre lette kommunikationsmidler

The Bourgeoisie draws all (even the most barbarian nations) into civilisation

Bourgeoisiet trækker alle (selv de mest barbariske nationer) ind i civilisationen

The cheap prices of its commodities; the heavy artillery that batters down all Chinese walls

De billige priser på dets varer; det tunge artilleri, der slår alle kinesiske mure ned

the barbarians' intensely obstinate hatred of foreigners is forced to capitulate

Barbarernes intenst stædige had til udlændinge tvinges til at kapitulere

It compels all nations, on pain of extinction, to adopt the Bourgeoisie mode of production

Den tvinger alle nationer til under trussel om udryddelse at overtage bourgeoisiets produktionsmåde

it compels them to introduce what it calls civilisation into their midst

den tvinger dem til at indføre det, den kalder civilisation i deres midte

The Bourgeoisie force the barbarians to become Bourgeoisie themselves

Borgerskabet tvinger barbarerne til selv at blive borgerskab

in a word, the Bourgeoisie creates a world after its own image

kort sagt, borgerskabet skaber en verden efter sit eget billede

The Bourgeoisie has subjected the countryside to the rule of the towns

Bourgeoisiet har underkastet landdistrikterne byernes herredømme

It has created enormous cities and greatly increased the urban population

Det har skabt enorme byer og øget bybefolkningen betydeligt

it rescued a considerable part of the population from the idiocy of rural life

den reddede en betydelig del af befolkningen fra landlivets idioti

but it has made those in the the countryside dependent on the towns

men det har gjort dem på landet afhængige af byerne

and likewise, it has made the barbarian countries dependent on the civilised ones

og ligeledes har det gjort de barbariske lande afhængige af de civiliserede lande

nations of peasants on nations of Bourgeoisie, the East on the West

nationer af bønder på nationer af borgerskab, øst mod vest

The Bourgeoisie does away with the scattered state of the population more and more

Bourgeoisiet afskaffer mere og mere befolkningens spredte tilstand

It has agglomerated production, and has concentrated property in a few hands

Det har agglomereret produktion og har koncentreret ejendom på få hænder

The necessary consequence of this was political centralisation

Den nødvendige konsekvens af dette var politisk centralisering

there had been independent nations and loosely connected provinces

der havde været uafhængige nationer og løst forbundne provinser

they had separate interests, laws, governments and systems of taxation

de havde særskilte interesser, love, regeringer og skattesystemer

but they have become lumped together into one nation, with one government

men de er blevet klumpet sammen til én nation, med én regering

they now have one national class-interest, one frontier and one customs-tariff

de har nu en national klasseinteresse, en grænse og en toldtarif

and this national class-interest is unified under one code of law

og denne nationale klasseinteresse er forenet under én lovsamling

the Bourgeoisie has achieved much during its rule of scarce one hundred years

bourgeoisiet har opnået meget i løbet af sit knap hundrede års herredømme

more massive and colossal productive forces than have all preceding generations together

mere massive og kolossale produktivkræfter end alle tidligere generationer tilsammen

Nature's forces are subjugated to the will of man and his machinery

Naturens kræfter er underlagt menneskets vilje og dets maskineri

chemistry is applied to all forms of industry and types of agriculture

Kemi anvendes til alle former for industri og typer af landbrug

steam-navigation, railways, electric telegraphs, and the printing press

dampfart, jernbaner, elektriske telegrafer og trykpressen

clearing of whole continents for cultivation, canalisation of rivers

rydning af hele kontinenter til dyrkning, kanalisering af floder

whole populations have been conjured out of the ground and put to work

hele befolkninger er blevet tryllet op af jorden og sat i arbejde

what earlier century had even a presentiment of what could be unleashed?

hvilket tidligere århundrede havde overhovedet en foranelse om, hvad der kunne slippes løs?

who predicted that such productive forces slumbered in the lap of social labour?

Hvem forudså, at sådanne produktivkræfter slumrede i skødet på det sociale arbejde?

we see then that the means of production and of exchange were generated in feudal society

Vi ser da, at produktions- og udvekslingsmidlerne blev skabt i det feudale samfund

the means of production on whose foundation the Bourgeoisie built itself up

de produktionsmidler, på hvis grundlag bourgeoisiet byggede sig selv

At a certain stage in the development of these means of production and of exchange

På et vist stadium i udviklingen af disse produktions- og udvekslingsmidler

the conditions under which feudal society produced and exchanged

betingelserne for det feudale samfunds produktion og udveksling af

the feudal organisation of agriculture and manufacturing industry
Den feudale organisation af landbrug og fremstillingsindustri
the feudal relations of property were no longer compatible with the material conditions
de feudale ejendomsforhold ikke længere var forenelige med de materielle betingelser
They had to be burst asunder, so they were burst asunder
De måtte sprænges i stykker, så de blev sprængt i stykker
Into their place stepped free competition from the productive forces
I deres sted trådte fri konkurrence fra produktivkræfterne
and they were accompanied by a social and political constitution adapted to it
og de blev ledsaget af en social og politisk forfatning, der var tilpasset den
and it was accompanied by the economical and political sway of the Bourgeoisie class
og den blev ledsaget af borgerskabets økonomiske og politiske herredømme
A similar movement is going on before our own eyes
En lignende bevægelse foregår for øjnene af os selv
Modern Bourgeoisie society with its relations of production, and of exchange, and of property
Det moderne borgerlige samfund med dets produktions-, bytte- og ejendomsforhold
a society that has conjured up such gigantic means of production and of exchange
et samfund, der har fremtryllet så gigantiske produktions- og udvekslingsmidler
it is like the sorcerer who called up the powers of the nether world
Det er som troldmanden, der kaldte kræfterne i underverdenen frem
but he is no longer able to control what he has brought into the world

men han er ikke længere i stand til at kontrollere, hvad han har bragt ind i verden

For many a decade past history was tied together by a common thread

I mange årtier var historien bundet sammen af en rød tråd

the history of industry and commerce has been but the history of revolts

Industriens og handelens historie har kun været oprørets historie

the revolts of modern productive forces against modern conditions of production

de moderne produktivkræfters oprør mod de moderne produktionsbetingelser

the revolts of modern productive forces against property relations

de moderne produktivkræfters oprør mod ejendomsforholdene

these property relations are the conditions for the existence of the Bourgeoisie

disse ejendomsforhold er betingelserne for bourgeoisiets eksistens

and the existence of the Bourgeoisie determines the rules for property relations

og bourgeoisiets eksistens bestemmer reglerne for ejendomsforholdene

it is enough to mention the periodical return of commercial crises

Det er nok at nævne den periodiske tilbagevenden af kommercielle kriser

each commercial crisis is more threatening to Bourgeoisie society than the last

hver handelskrise er mere truende for borgerskabets samfund end den forrige.

In these crises a great part of the existing products are destroyed

I disse kriser ødelægges en stor del af de eksisterende produkter
but these crises also destroy the previously created productive forces
Men disse kriser ødelægger også de tidligere skabte produktivkræfter
in all earlier epochs these epidemics would have seemed an absurdity
I alle tidligere epoker ville disse epidemier have virket som en absurditet
because these epidemics are the commercial crises of over-production
fordi disse epidemier er de kommercielle kriser med overproduktion
Society suddenly finds itself put back into a state of momentary barbarism
Samfundet befinder sig pludselig i en tilstand af kortvarigt barbari
as if a universal war of devastation had cut off every means of subsistence
som om en universel ødelæggelseskrig havde afskåret ethvert livsfornødent subsistensmiddel
industry and commerce seem to have been destroyed; and why?
industri og handel synes at være blevet ødelagt; Og hvorfor?
Because there is too much civilisation and means of subsistence
Fordi der er for meget civilisation og midler til underhold
and because there is too much industry, and too much commerce
og fordi der er for meget industri og for meget handel
The productive forces at the disposal of society no longer develop Bourgeoisie property
De produktivkræfter, der står til samfundets rådighed, udvikler ikke længere borgerskabets ejendom

on the contrary, they have become too powerful for these conditions, by which they are fettered

tværtimod er de blevet for stærke til disse forhold, som de er lænket af

as soon as they overcome these fetters, they bring disorder into the whole of Bourgeoisie society

så snart de overvinder disse lænker, bringer de uorden ind i hele det borgerlige samfund

and the productive forces endanger the existence of Bourgeoisie property

og produktivkræfterne bringer borgerskabets ejendomsret i fare

The conditions of Bourgeoisie society are too narrow to comprise the wealth created by them

Betingelserne i det borgerlige samfund er for snævre til at omfatte den rigdom, de har skabt

And how does the Bourgeoisie get over these crises?

Og hvordan kommer borgerskabet over disse kriser?

On the one hand, it overcomes these crises by the enforced destruction of a mass of productive forces

På den ene side overvinder den disse kriser ved den tvungne ødelæggelse af en masse produktivkræfter

on the other hand, it overcomes these crises by the conquest of new markets

På den anden side overvinder den disse kriser ved at erobre nye markeder

and it overcomes these crises by the more thorough exploitation of the old forces of production

og den overvinder disse kriser ved en mere grundig udnyttelse af de gamle produktivkræfter

That is to say, by paving the way for more extensive and more destructive crises

Det vil sige ved at bane vejen for mere omfattende og mere destruktive kriser

it overcomes the crisis by diminishing the means whereby crises are prevented

Den overvinder krisen ved at mindske midlerne til at
forebygge kriser

**The weapons with which the Bourgeoisie felled feudalism
to the ground are now turned against itself**

De våben, hvormed bourgeoisiet fældede feudalismen til
jorden, er nu vendt mod sig selv

**But not only has the Bourgeoisie forged the weapons that
bring death to itself**

Men ikke alene har borgerskabet smedet de våben, der bringer
død til det selv

**it has also called into existence the men who are to wield
those weapons**

den har også fremkaldt de mænd, der skal bruge disse våben

**and these men are the modern working class; they are the
proletarians**

og disse mænd er den moderne arbejderklasse; de er
proletarerne

**In proportion as the Bourgeoisie is developed, in the same
proportion is the Proletariat developed**

I samme forhold som bourgeoisiet udvikles, udvikles
proletariatet i samme forhold

the modern working class developed a class of labourers

Den moderne arbejderklasse udviklede en klasse af arbejdere

this class of labourers live only so long as they find work

Denne klasse af arbejdere lever kun, så længe de finder
arbejde

**and they find work only so long as their labour increases
capital**

og de finder kun arbejde, så længe deres arbejde øger
kapitalen

**These labourers, who must sell themselves piece-meal, are a
commodity**

Disse arbejdere, som må sælge sig selv stykkevis, er en vare

these labourers are like every other article of commerce

Disse arbejdere er som enhver anden handelsvare

and they are consequently exposed to all the vicissitudes of competition

og de er derfor udsat for alle konkurrencens omskiftelser

they have to weather all the fluctuations of the market

de er nødt til at klare alle udsving på markedet

Owing to the extensive use of machinery and to division of labour

På grund af den omfattende brug af maskiner og arbejdsdeling

the work of the proletarians has lost all individual character

Proletarernes arbejde har mistet al individuel karakter

and consequently, the work of the proletarians has lost all charm for the workman

og som følge heraf har proletarernes arbejde mistet al charme for arbejderen

He becomes an appendage of the machine, rather than the man he once was

Han bliver et vedhæng til maskinen, snarere end den mand, han engang var

only the most simple, monotonous, and most easily acquired knack is required of him

kun den mest enkle, ensformige og lettest erhvervede evne kræves af ham

Hence, the cost of production of a workman is restricted

Derfor er produktionsomkostningerne for en arbejder begrænset

it is restricted almost entirely to the means of subsistence that he requires for his maintenance

den er næsten udelukkende begrænset til de subsistensmidler, som han har brug for til sit underhold

and it is restricted to the means of subsistence that he requires for the propagation of his race

og det er begrænset til de livsfornødenheder, som han har brug for til at udbrede sin race

But the price of a commodity, and therefore also of labour, is equal to its cost of production

Men prisen på en vare og dermed også på arbejde er lig med
dens produktionsomkostninger
**In proportion, therefore, as the repulsiveness of the work
increases, the wage decreases**
I takt med at arbejdets frastødende karakter øges, falder
lønnen derfor
**Nay, the repulsiveness of his work increases at an even
greater rate**
Nej, frastødeligheden i hans arbejde øges endnu hurtigere
**as the use of machinery and division of labour increases, so
does the burden of toil**
Efterhånden som brugen af maskiner og arbejdsdelingen øges,
øges også arbejdsbyrden
**the burden of toil is increased by prolongation of the
working hours**
Arbejdsbyrden øges ved forlængelse af arbejdstiden
more is expected of the labourer in the same time as before
Der forventes mere af arbejderen på samme tid som tidligere
**and of course the burden of the toil is increased by the speed
of the machinery**
og selvfølgelig øges byrden af sliddet af maskineriets
hastighed
**Modern industry has converted the little workshop of the
patriarchal master into the great factory of the industrial
capitalist**
Den moderne industri har forvandlet den patriarkalske
mesters lille værksted til industrikapitalistens store fabrik
**Masses of labourers, crowded into the factory, are organised
like soldiers**
Masser af arbejdere, der er stuvet sammen på fabrikken, er
organiseret som soldater
**As privates of the industrial army they are placed under the
command of a perfect hierarchy of officers and sergeants**
Som menige i industrihæren er de sat under kommando af et
perfekt hierarki af officerer og sergenter

they are not only the slaves of the Bourgeoisie class and State

de er ikke kun slaver af borgerskabet, klassen og staten

but they are also daily and hourly enslaved by the machine

men de er også dagligt og timeligt slaver af maskinen

they are enslaved by the over-looker, and, above all, by the individual Bourgeoisie manufacturer himself

de er slaver af overskueren og frem for alt af den enkelte borgerskabsfabrikant selv

The more openly this despotism proclaims gain to be its end and aim, the more petty, the more hateful and the more embittering it is

Jo mere åbent dette despoti proklamerer gevinst som dets mål og mål, jo mere småligt, jo mere hadefuldt og jo mere bittert er det

the more modern industry becomes developed, the lesser are the differences between the sexes

Jo mere moderne industrien udvikler sig, desto mindre er forskellene mellem kønnene

The less the skill and exertion of strength implied in manual labour, the more is the labour of men superseded by that of women

Jo mindre dygtighed og anstrengelse af kræfter der ligger i manuelt arbejde, jo mere bliver mændenes arbejde erstattet af kvindernes

Differences of age and sex no longer have any distinctive social validity for the working class

Forskelle i alder og køn har ikke længere nogen særlig social gyldighed for arbejderklassen

All are instruments of labour, more or less expensive to use, according to their age and sex

Alle er arbejdsredskaber, der er mere eller mindre dyre at bruge, alt efter deres alder og køn

as soon as the labourer receives his wages in cash, than he is set upon by the other portions of the Bourgeoisie

så snart arbejderen får sin løn i kontanter, bliver han sat på af de andre dele af bourgeoisiet

the landlord, the shopkeeper, the pawnbroker, etc

udlejeren, butiksejeren, pantelåneren osv

The lower strata of the middle class; the small trades people and shopkeepers

De lavere lag af middelklassen; de små håndværkere og butiksejere

the retired tradesmen generally, and the handicraftsmen and peasants

de pensionerede handelsmænd i almindelighed, og håndværkerne og bønderne

all these sink gradually into the Proletariat

alt dette synker lidt efter lidt ind i proletariatet

partly because their diminutive capital does not suffice for the scale on which Modern Industry is carried on

Til dels fordi deres lille kapital ikke er tilstrækkelig til den størrelse, hvorpå den moderne industri drives

and because it is swamped in the competition with the large capitalists

og fordi den er oversvømmet i konkurrencen med de store kapitalister

partly because their specialized skill is rendered worthless by the new methods of production

Dels fordi deres specialiserede færdigheder bliver værdiløse af de nye produktionsmetoder

Thus the Proletariat is recruited from all classes of the population

Således rekrutteres proletariatet fra alle befolkningsklasser

The Proletariat goes through various stages of development

Proletariatet gennemgår forskellige udviklingsstadier

With its birth begins its struggle with the Bourgeoisie

Med dens fødsel begynder dens kamp mod bourgeoisiet

At first the contest is carried on by individual labourers

I begyndelsen føres konkurrencen af individuelle arbejdere

then the contest is carried on by the workpeople of a factory

Derefter føres konkurrencen af arbejderne på en fabrik

then the contest is carried on by the operatives of one trade, in one locality

så føres konkurrencen af arbejdere fra et på et sted

and the contest is then against the individual Bourgeoisie who directly exploits them

og kampen er så mod det enkelte borgerskab, der direkte udbytter dem

They direct their attacks not against the Bourgeoisie conditions of production

De retter ikke deres angreb mod bourgeoisiets produktionsbetingelser

but they direct their attack against the instruments of production themselves

men de retter deres angreb mod selve produktionsmidlerne

they destroy imported wares that compete with their labour

de destruerer importerede varer, der konkurrerer med deres arbejdskraft

they smash to pieces machinery and they set factories ablaze

De smadrer maskiner, og de sætter fabrikker i brand

they seek to restore by force the vanished status of the workman of the Middle Ages

de søger med magt at genoprette den forsvundne status som middelalderens arbejdere

At this stage the labourers still form an incoherent mass scattered over the whole country

På dette stadium udgør arbejderne endnu en usammenhængende masse, der er spredt ud over hele landet

and they are broken up by their mutual competition

og de er brudt op af deres gensidige konkurrence

If anywhere they unite to form more compact bodies, this is not yet the consequence of their own active union

Hvis de noget sted forener sig for at danne mere kompakte kroppe, er det endnu ikke konsekvensen af deres egen aktive forening

but it is a consequence of the union of the Bourgeoisie, to attain its own political ends

men det er en konsekvens af bourgeoisiets forening for at nå sine egne politiske mål

the Bourgeoisie is compelled to set the whole Proletariat in motion

bourgeoisiet er tvunget til at sætte hele proletariatet i bevægelse

and moreover, for a time being, the Bourgeoisie is able to do so

og desuden er bourgeoisiet for en tid i stand til at gøre det

At this stage, therefore, the proletarians do not fight their enemies

På dette stadium bekæmper proletarerne derfor ikke deres fjender

but instead they are fighting the enemies of their enemies

men i stedet kæmper de mod deres fjenders fjender

the fight the remnants of absolute monarchy and the landowners

kampen mod resterne af enevælden og godsejerne

they fight the non-industrial Bourgeoisie; the petty Bourgeoisie

de bekæmper det ikke-industrielle borgerskab; småborgerskabet

Thus the whole historical movement is concentrated in the hands of the Bourgeoisie

Således er hele den historiske bevægelse koncentreret i bourgeoisiets hænder

every victory so obtained is a victory for the Bourgeoisie

enhver sejr, der opnås på denne måde, er en sejr for bourgeoisiet

But with the development of industry the Proletariat not only increases in number

Men med industriens udvikling vokser proletariatet ikke blot i antal

the Proletariat becomes concentrated in greater masses and its strength grows

proletariatet bliver koncentreret i større masser, og dets styrke vokser

and the Proletariat feels that strength more and more

og proletariatet føler denne styrke mere og mere

The various interests and conditions of life within the ranks of the Proletariat are more and more equalised

De forskellige interesser og livsbetingelser inden for proletariatets rækker bliver mere og mere ligestillet

they become more in proportion as machinery obliterates all distinctions of labour

de bliver mere proportionelle, efterhånden som maskineriet udsletter alle forskelle i arbejdet

and machinery nearly everywhere reduces wages to the same low level

og maskiner næsten overalt sænker lønningerne til det samme lave niveau

The growing competition among the Bourgeoisie, and the resulting commercial crises, make the wages of the workers ever more fluctuating

Den voksende konkurrence mellem bourgeoisiet og de deraf følgende handelskriser gør arbejdernes lønninger stadig mere svingende

The unceasing improvement of machinery, ever more rapidly developing, makes their livelihood more and more precarious

Den uophørlige forbedring af maskinerne, der udvikler sig stadig hurtigere, gør deres levebrød mere og mere usikkert

the collisions between individual workmen and individual Bourgeoisie take more and more the character of collisions between two classes

sammenstødene mellem de enkelte arbejdere og det individuelle bourgeoisi får mere og mere karakter af sammenstød mellem to klasser

Thereupon the workers begin to form combinations (Trades Unions) against the Bourgeoisie
Derpå begynder arbejderne at danne kombinationer (fagforeninger) mod bourgeoisiet
they club together in order to keep up the rate of wages
de slår sig sammen for at holde lønningerne oppe
they found permanent associations in order to make provision beforehand for these occasional revolts
de dannede permanente sammenslutninger for på forhånd at sørge for disse lejlighedsvise opstande
Here and there the contest breaks out into riots
Her og der bryder kampen ud i optøjer
Now and then the workers are victorious, but only for a time
Af og til sejrer arbejderne, men kun for en tid
The real fruit of their battles lies, not in the immediate result, but in the ever-expanding union of the workers
Den virkelige frugt af deres kampe ligger ikke i det umiddelbare resultat, men i den stadigt voksende forening af arbejderne
This union is helped on by the improved means of communication that are created by modern industry
Denne fagforening hjælpes videre af de forbedrede kommunikationsmidler, der skabes af den moderne industri
modern communication places the workers of different localities in contact with one another
moderne kommunikation sætter arbejdere fra forskellige lokaliteter i kontakt med hinanden
It was just this contact that was needed to centralise the numerous local struggles into one national struggle between classes
Det var netop denne kontakt, der var nødvendig for at centralisere de mange lokale kampe til en national kamp mellem klasserne
all of these struggles are of the same character, and every class struggle is a political struggle

Alle disse kampe er af samme karakter, og enhver klassekamp
er en politisk kamp

**the burghers of the Middle Ages, with their miserable
highways, required centuries to form their unions**

Middelalderens borgere med deres elendige veje krævede
århundreder for at danne deres foreninger

**the modern proletarians, thanks to railways, achieve their
unions within a few years**

De moderne proletarer opnår takket være jernbanerne deres
foreninger i løbet af få år

**This organisation of the proletarians into a class
consequently formed them into a political party**

Denne organisering af proletarerne i en klasse dannede dem
derfor til et politisk parti

**the political class is continually being upset again by the
competition between the workers themselves**

Den politiske klasse bliver igen og igen oprørt af
konkurrencen mellem arbejderne selv

**But the political class continues to rise up again, stronger,
firmer, mightier**

Men den politiske klasse fortsætter med at rejse sig igen,
stærkere, fastere, mægtigere

**It compels legislative recognition of particular interests of
the workers**

Den tvinger til lovgivningsmæssig anerkendelse af
arbejdstagernes særlige interesser

**it does this by taking advantage of the divisions among the
Bourgeoisie itself**

det gør det ved at drage fordel af splittelsen inden for
bourgeoisiet selv

Thus the ten-hours' bill in England was put into law

Således blev ti-timers-loven i England sat i kraft

**in many ways the collisions between the classes of the old
society further is the course of development of the
Proletariat**

på mange måder er sammenstødene mellem klasserne i det
gamle samfund yderligere proletariatets udviklingsforløb
The Bourgeoisie finds itself involved in a constant battle
Bourgeoisiet befinder sig i en konstant kamp
**At first it will find itself involved in a constant battle with
the aristocracy**
I begyndelsen vil den finde sig selv involveret i en konstant
kamp med aristokratiet
**later on it will find itself involved in a constant battle with
those portions of the Bourgeoisie itself**
senere vil det finde sig selv involveret i en konstant kamp med
disse dele af bourgeoisiet selv
**and their interests will have become antagonistic to the
progress of industry**
og deres interesser vil være blevet fjendtlige over for
industriens fremskridt
**at all times, their interests will have become antagonistic
with the Bourgeoisie of foreign countries**
til alle tider vil deres interesser være blevet fjendtlige med
borgerskabet i fremmede lande
**In all these battles it sees itself compelled to appeal to the
Proletariat, and asks for its help**
I alle disse kampe ser det sig nødsaget til at appellere til
proletariatet og beder om dets hjælp
**and thus, it will feel compelled to drag it into the political
arena**
og derfor vil den føle sig tvunget til at trække den ind på den
politiske arena
**The Bourgeoisie itself, therefore, supplies the Proletariat
with its own instruments of political and general education**
Bourgeoisiet selv forsyner derfor proletariatet med sine egne
instrumenter til politisk og almindelig opdragelse
**in other words, it furnishes the Proletariat with weapons for
fighting the Bourgeoisie**
med andre ord, den forsyner proletariatet med våben til at
bekæmpe bourgeoisiet

Further, as we have already seen, entire sections of the ruling classes are precipitated into the Proletariat

Som vi allerede har set, er desuden hele dele af de herskende klasser styrtet ind i proletariatet

the advance of industry sucks them into the Proletariat

industriens fremskridt suger dem ind i proletariatet

or, at least, they are threatened in their conditions of existence

eller i det mindste er de truet i deres eksistensbetingelser

These also supply the Proletariat with fresh elements of enlightenment and progress

Disse forsyner også proletariatet med nye elementer af oplysning og fremskridt

Finally, in times when the class struggle nears the decisive hour

Endelig, i tider, hvor klassekampen nærmer sig den afgørende time

the process of dissolution going on within the ruling class

den opløsningsproces, der foregår inden for den herskende klasse

in fact, the dissolution going on within the ruling class will be felt within the whole range of society

Faktisk vil den opløsning, der finder sted inden for den herskende klasse, kunne mærkes inden for hele samfundet

it will take on such a violent, glaring character, that a small section of the ruling class cuts itself adrift

den vil antage en så voldelig, iøjnefaldende karakter, at en lille del af den herskende klasse skærer sig selv på afveje

and that ruling class will join the revolutionary class

og den herskende klasse vil slutte sig til den revolutionære klasse

the revolutionary class being the class that holds the future in its hands

den revolutionære klasse er den klasse, der holder fremtiden i sine hænder

Just as at an earlier period, a section of the nobility went over to the Bourgeoisie

Ligesom i en tidligere periode gik en del af adelen over til bourgeoisiet

the same way a portion of the Bourgeoisie will go over to the Proletariat

på samme måde vil en del af bourgeoisiet gå over til proletariatet

in particular, a portion of the Bourgeoisie will go over to a portion of the Bourgeoisie ideologists

især vil en del af bourgeoisiet gå over til en del af bourgeoisiets ideologer

Bourgeoisie ideologists who have raised themselves to the level of comprehending theoretically the historical movement as a whole

Borgerskabsideologer, der har hævet sig selv til det niveau, at de teoretisk forstår den historiske bevægelse som helhed

Of all the classes that stand face to face with the Bourgeoisie today, the Proletariat alone is a really revolutionary class

Af alle de klasser, der står ansigt til ansigt med bourgeoisiet i dag, er proletariatet alene en virkelig revolutionær klasse

The other classes decay and finally disappear in the face of Modern Industry

De andre klasser forfalder og forsvinder til sidst i lyset af den moderne industri

the Proletariat is its special and essential product

proletariatet er dets særlige og væsentlige produkt

The lower middle class, the small manufacturer, the shopkeeper, the artisan, the peasant

Den lavere middelklasse, den lille fabrikant, butiksejeren, håndværkeren, bonden

all these fight against the Bourgeoisie

alle disse kampe mod bourgeoisiet

they fight as fractions of the middle class to save themselves from extinction

de kæmper som fraktioner af middelklassen for at redde sig
selv fra udryddelse
They are therefore not revolutionary, but conservative
De er derfor ikke revolutionære, men konservative
**Nay more, they are reactionary, for they try to roll back the
wheel of history**
Nej, de er reaktionære, for de forsøger at rulle historiens hjul
tilbage
**If by chance they are revolutionary, they are so only in view
of their impending transfer into the Proletariat**
Hvis de tilfældigvis er revolutionære, så er de det kun i
betragtning af deres forestående overførsel til proletariatet
they thus defend not their present, but their future interests
De forsvarer således ikke deres nuværende, men deres
fremtidige interesser
**they desert their own standpoint to place themselves at that
of the Proletariat**
de forlader deres eget standpunkt for at placere sig på
proletariatets standpunkt
**The "dangerous class," the social scum, that passively rotting
mass thrown off by the lowest layers of old society**
Den "farlige klasse", det sociale afskum, den passivt rådnende
masse, der kastes af de laveste lag i det gamle samfund
**they may, here and there, be swept into the movement by a
proletarian revolution**
de kan her og der blive fejet ind i bevægelsen af en proletarisk
revolution
**its conditions of life, however, prepare it far more for the
part of a bribed tool of reactionary intrigue**
Dens livsbetingelser forbereder den imidlertid langt mere til
rollen som et bestukket redskab for reaktionære intriger
**In the conditions of the Proletariat, those of old society at
large are already virtually swamped**
Under proletariatets forhold er det gamle samfunds forhold
allerede praktisk talt oversvømmet
The proletarian is without property

Proletaren er uden ejendom

his relation to his wife and children has no longer anything in common with the Bourgeoisie's family-relations

hans forhold til hustru og børn har ikke længere noget til fælles med bourgeoisiets familieforhold

modern industrial labour, modern subjection to capital, the same in England as in France, in America as in Germany

moderne industriarbejde, moderne underkastelse under kapitalen, det samme i England som i Frankrig, i Amerika som i Tyskland

his condition in society has stripped him of every trace of national character

hans tilstand i samfundet har berøvet ham ethvert spor af national karakter

Law, morality, religion, are to him so many Bourgeoisie prejudices

Lov, moral, religion er for ham så mange borgerlige fordomme

and behind these prejudices lurk in ambush just as many Bourgeoisie interests

og bag disse fordomme lurer i baghold lige så mange borgerlige interesser

All the preceding classes that got the upper hand, sought to fortify their already acquired status

Alle de foregående klasser, der fik overtaget, søgte at befæste deres allerede erhvervede status

they did this by subjecting society at large to their conditions of appropriation

Det gjorde de ved at underkaste samfundet som helhed deres tilegnelsesbetingelser

The proletarians cannot become masters of the productive forces of society

Proletarerne kan ikke blive herrer over samfundets produktivkræfter

it can only do this by abolishing their own previous mode of appropriation

Det kan den kun gøre ved at afskaffe deres egen tidligere tilegnelsesmåde

and thereby it also abolishes every other previous mode of appropriation

og derved afskaffer den også alle andre tidligere måder at tilegne sig på

They have nothing of their own to secure and to fortify

De har intet af deres eget at sikre og befæste

their mission is to destroy all previous securities for, and insurances of, individual property

deres mission er at destruere alle tidligere sikkerhedsstillelser for og forsikringer af individuel ejendom

All previous historical movements were movements of minorities

Alle tidligere historiske bevægelser var bevægelser af minoriteter

or they were movements in the interests of minorities

eller de var bevægelser i mindretals interesse

The proletarian movement is the self-conscious, independent movement of the immense majority

Den proletariske bevægelse er det uhyre flertals selvbevidste, uafhængige bevægelse

and it is a movement in the interests of the immense majority

og det er en bevægelse i det uhyre flertals interesse

The Proletariat, the lowest stratum of our present society

Proletariatet, det laveste lag i vort nuværende samfund

it cannot stir or raise itself up without the whole superincumbent strata of official society being sprung into the air

den kan ikke røre sig eller rejse sig, uden at hele det officielle samfunds overordnede lag springer op i luften

Though not in substance, yet in form, the struggle of the Proletariat with the Bourgeoisie is at first a national struggle

Skønt den ikke er indholdsmæssig, så er proletariatets kamp mod bourgeoisiet i begyndelsen en national kamp

The Proletariat of each country must, of course, first of all settle matters with its own Bourgeoisie

Proletariatet i hvert land må naturligvis først og fremmest afgøre sagen med sit eget bourgeoisi

In depicting the most general phases of the development of the Proletariat, we traced the more or less veiled civil war

Ved at skildre de mest generelle faser af proletariatets udvikling sporede vi den mere eller mindre tilslørede borgerkrig

this civil is raging within existing society

Denne civile raser i det eksisterende samfund

it will rage up to the point where that war breaks out into open revolution

den vil rase indtil det punkt, hvor krigen bryder ud i åben revolution

and then the violent overthrow of the Bourgeoisie lays the foundation for the sway of the Proletariat

og så lægger den voldelige omstyrtelse af bourgeoisiet grunden til proletariatets herredømme

Hitherto, every form of society has been based, as we have already seen, on the antagonism of oppressing and oppressed classes

Hidtil har enhver form for samfund, som vi allerede har set, været baseret på modsætningen mellem undertrykkende og undertrykte klasser

But in order to oppress a class, certain conditions must be assured to it

Men for at undertrykke en klasse må visse betingelser sikres den

the class must be kept under conditions in which it can, at least, continue its slavish existence

klassen skal holdes under forhold, hvor den i det mindste kan fortsætte sin slaviske tilværelse

The serf, in the period of serfdom, raised himself to membership in the commune

Den livegne ophøjede sig i livegenskabsperioden til
medlemskab af kommunen
**just as the petty Bourgeoisie, under the yoke of feudal
absolutism, managed to develop into a Bourgeoisie**
ligesom småborgerskabet under den feudale absolutismes åg
formåede at udvikle sig til et bourgeoisi
**The modern labourer, on the contrary, instead of rising with
the progress of industry, sinks deeper and deeper**
Den moderne arbejder derimod synker dybere og dybere i
stedet for at stige med industriens fremskridt
he sinks below the conditions of existence of his own class
han synker under sin egen klasses eksistensbetingelser
**He becomes a pauper, and pauperism develops more rapidly
than population and wealth**
Han bliver en fattiglem, og fattigdommen udvikler sig
hurtigere end befolkning og rigdom
**And here it becomes evident, that the Bourgeoisie is unfit
any longer to be the ruling class in society**
Og her bliver det klart, at bourgeoisiet ikke længere er egnet
til at være den herskende klasse i samfundet
**and it is unfit to impose its conditions of existence upon
society as an over-riding law**
og det er uegnet at påtvinge samfundet sine
eksistensbetingelser som en overordnet lov
**It is unfit to rule because it is incompetent to assure an
existence to its slave within his slavery**
Den er uegnet til at regere, fordi den er inkompetent til at sikre
sin slave en eksistens i sit slaveri
**because it cannot help letting him sink into such a state, that
it has to feed him, instead of being fed by him**
fordi den ikke kan lade ham synke ned i en sådan tilstand, at
den må fodre ham i stedet for at blive fodret af ham
Society can no longer live under this Bourgeoisie
Samfundet kan ikke længere leve under dette bourgeoisi
**in other words, its existence is no longer compatible with
society**

Med andre ord er dens eksistens ikke længere forenelig med samfundet

The essential condition for the existence, and for the sway of the Bourgeoisie class, is the formation and augmentation of capital

Den væsentlige betingelse for bourgeoisiets klasses eksistens og herravälde er kapitalens dannelse og forøgelse

the condition for capital is wage-labour

Kapitalens betingelse er lønarbejde

Wage-labour rests exclusively on competition between the labourers

Lønarbejdet hviler udelukkende på konkurrencen mellem arbejderne

The advance of industry, whose involuntary promoter is the Bourgeoisie, replaces the isolation of the labourers

Industriens fremskridt, hvis ufrivillige fortaler er bourgeoisiet, erstatter arbejdernes isolation

due to competition, due to their revolutionary combination, due to association

på grund af konkurrence, på grund af deres revolutionære kombination, på grund af

The development of Modern Industry cuts from under its feet the very foundation on which the Bourgeoisie produces and appropriates products

Den moderne industris udvikling skærer selve grundlaget for bourgeoisiets produktion og tilegner sig produkter under dens fødder

What the Bourgeoisie produces, above all, is its own grave-diggers

Det, bourgeoisiet frembringer, er frem for alt sine egne gravere

The fall of the Bourgeoisie and the victory of the Proletariat are equally inevitable

Bourgeoisiets fald og proletariatets sejr er lige så uundgåelige

Proletarians and Communists
Proletarer og kommunister

In what relation do the Communists stand to the proletarians as a whole?

I hvilket forhold står kommunisterne til proletarerne som helhed?

The Communists do not form a separate party opposed to other working-class parties

Kommunisterne danner ikke et særskilt parti i modsætning til andre arbejderpartier

They have no interests separate and apart from those of the proletariat as a whole

De har ingen interesser, der er adskilt fra og adskilt fra proletariatets interesser som helhed

They do not set up any sectarian principles of their own, by which to shape and mould the proletarian movement

De opstiller ikke deres egne sekteriske principper, hvormed de kan forme og forme den proletariske bevægelse

The Communists are distinguished from the other working-class parties by only two things

Kommunisterne adskiller sig kun fra de andre arbejderpartier ved to ting

Firstly, they point out and bring to the front the common interests of the entire proletariat, independently of all nationality

For det første peger de på og bringer hele proletariatets fælles interesser i forgrunden, uafhængigt af enhver nationalitet

this they do in the national struggles of the proletarians of the different countries

Dette gør de i de forskellige landes proletarers nationale kampe

Secondly, they always and everywhere represent the interests of the movement as a whole

For det andet repræsenterer de altid og overalt bevægelsens interesser som helhed

this they do in the various stages of development, which the struggle of the working class against the Bourgeoisie has to pass through

dette gør de på de forskellige udviklingstrin, som arbejderklassens kamp mod bourgeoisiet skal igennem

The Communists, therefore, are on the one hand, practically, the most advanced and resolute section of the working-class parties of every country

Kommunisterne er derfor på den ene side praktisk talt den mest fremskredne og beslutsomme del af arbejderpartierne i ethvert land

they are that section of the working class which pushes forward all others

de er den del af arbejderklassen, der skubber alle andre frem

theoretically, they also have the advantage of clearly understanding the line of march

Teoretisk set har de også den fordel, at de klart forstår marchlinjen

this they understand better compared the great mass of the proletariat

Dette forstår de bedre sammenlignet med proletariatets store masse

they understand the conditions, and the ultimate general results of the proletarian movement

De forstår den proletariske bevægelses betingelser og endelige almene resultater

The immediate aim of the Communist is the same as that of all the other proletarian parties

Det kommunistiske umiddelbare mål er det samme som alle de andre proletariske partiers

their aim is the formation of the proletariat into a class

deres mål er at forme proletariatet til en klasse

they aim to overthrow the Bourgeoisie supremacy

de sigter mod at vælte borgerskabets overherredømme

the strive for the conquest of political power by the proletariat

stræben efter proletariatets erobring af den politiske magt

The theoretical conclusions of the Communists are in no way based on ideas or principles of reformers

Kommunisternes teoretiske konklusioner er på ingen måde baseret på reformatorernes ideer eller principper

it wasn't would-be universal reformers that invented or discovered the theoretical conclusions of the Communists

det var ikke potentielle universelle reformatorer, der opfandt eller opdagede kommunisternes teoretiske konklusioner

They merely express, in general terms, actual relations springing from an existing class struggle

De udtrykker blot i generelle vendinger faktiske forhold, der udspringer af en eksisterende klassekamp

and they describe the historical movement going on under our very eyes that have created this class struggle

og de beskriver den historiske bevægelse, der foregår for øjnene af os, og som har skabt denne klassekamp

The abolition of existing property relations is not at all a distinctive feature of Communism

Afskaffelsen af de eksisterende ejendomsforhold er slet ikke et karakteristisk træk ved kommunismen

All property relations in the past have continually been subject to historical change

Alle ejendomsforhold i fortiden har konstant været genstand for historiske ændringer

and these changes were consequent upon the change in historical conditions

og disse ændringer var en konsekvens af ændringen i de historiske forhold

The French Revolution, for example, abolished feudal property in favour of Bourgeoisie property

Den franske revolution afskaffede f.eks. feudal ejendom til fordel for borgerskabets ejendom

The distinguishing feature of Communism is not the abolition of property, generally

Kommunismens særlige træk er ikke afskaffelsen af
ejendomsretten i almindelighed
**but the distinguishing feature of Communism is the
abolition of Bourgeoisie property**
men kommunismens kendetegn er afskaffelsen af
borgerskabets ejendom
**But modern Bourgeoisie private property is the final and
most complete expression of the system of producing and
appropriating products**
Men det moderne bourgeoisis privatejendom er det endelige
og mest fuldstændige udtryk for systemet med at producere
og tilegne sig produkter
**it is the final state of a system that is based on class
antagonisms, where class antagonism is the exploitation of
the many by the few**
Det er den endelige tilstand af et system, der er baseret på
klassemodsætninger, hvor klassemodsætninger er de fås
udbytning af de mange
**In this sense, the theory of the Communists may be summed
up in the single sentence; the Abolition of private property**
I denne forstand kan kommunisternes teori opsummeres i en
enkelt sætning; afskaffelse af privat ejendomsret
**We Communists have been reproached with the desire of
abolishing the right of personally acquiring property**
Vi kommunister er blevet bebrejdet ønsket om at afskaffe
retten til personligt at erhverve ejendom
**it is claimed that this property is the fruit of a man's own
labour**
Det hævdes, at denne egenskab er frugten af et menneskes
eget arbejde
**and this property is alleged to be the groundwork of all
personal freedom, activity and independence.**
og denne ejendom påstås at være grundlaget for al personlig
frihed, aktivitet og uafhængighed.
"Hard-won, self-acquired, self-earned property!"
"Hårdt vundet, selverhvervet, selvfortjent ejendom!"

Do you mean the property of the petty artisan and of the small peasant?

Mener du småhåndværkerens og småbondens ejendom?

Do you mean a form of property that preceded the Bourgeoisie form?

Mener du en form for ejendom, der gik forud for borgerskabsformen?

There is no need to abolish that, the development of industry has to a great extent already destroyed it

Det er der ingen grund til at afskaffe, industriens udvikling har i vid udstrækning allerede ødelagt den

and development of industry is still destroying it daily

og udviklingen af industrien ødelægger den stadig dagligt

Or do you mean modern Bourgeoisie private property?

Eller mener du det moderne borgerskab med privat ejendom?

But does wage-labour create any property for the labourer?

Men skaber lønarbejdet nogen ejendom for arbejderen?

no, wage labour creates not one bit of this kind of property!

Nej, lønarbejde skaber ikke en smule af denne slags ejendom!

what wage labour does create is capital; that kind of property which exploits wage-labour

Det, som lønarbejdet skaber, er kapital; den slags ejendom, der udnytter lønarbejde

capital cannot increase except upon condition of begetting a new supply of wage-labour for fresh exploitation

Kapitalen kan ikke vokse, medmindre den frembringer et nyt udbud af lønarbejde til ny udbytning

Property, in its present form, is based on the antagonism of capital and wage-labour

Ejendom i sin nuværende form er baseret på modsætningen mellem kapital og lønarbejde

Let us examine both sides of this antagonism

Lad os undersøge begge sider af denne antagonisme

To be a capitalist is to have not only a purely personal status

At være kapitalist er ikke kun at have en rent personlig status

instead, to be a capitalist is also to have a social status in production

I stedet er det at være kapitalist også at have en social status i produktionen

because capital is a collective product; only by the united action of many members can it be set in motion

fordi kapital er et kollektivt produkt; Kun ved en fælles indsats fra mange medlemmer kan den sættes i gang

but this united action is a last resort, and actually requires all members of society

men denne forenede aktion er en sidste udvej og kræver faktisk alle medlemmer af samfundet

Capital does get converted into the property of all members of society

Kapital bliver omdannet til alle samfundsmedlemmers ejendom

but Capital is, therefore, not a personal power; it is a social power

men Kapitalen er derfor ikke en personlig magt; det er en social magt

so when capital is converted into social property, personal property is not thereby transformed into social property

Når kapitalen således omdannes til samfundsmæssig ejendom, bliver den personlige ejendom ikke derved forvandlet til samfundsmæssig ejendom

It is only the social character of the property that is changed, and loses its class-character

Det er kun ejendommens sociale karakter, der forandres og mister sin klassekarakter

Let us now look at wage-labour

Lad os nu se på lønarbejdet

The average price of wage-labour is the minimum wage, i.e., that quantum of the means of subsistence

Lønarbejdets gennemsnitspris er mindstelønnen, dvs. den mængde af livsfornødenhederne

**this wage is absolutely requisite in bare existence as a
labourer**

Denne løn er absolut nødvendig i den blotte eksistens som
arbejder

**What, therefore, the wage-labourer appropriates by means of
his labour, merely suffices to prolong and reproduce a bare
existence**

Hvad lønarbejderen altså tilegner sig ved hjælp af sit arbejde,
er kun tilstrækkeligt til at forlænge og reproducere en nøgtern
tilværelse

**We by no means intend to abolish this personal
appropriation of the products of labour**

Vi har på ingen måde til hensigt at afskaffe denne personlige
tilegnelse af arbejdsprodukterne

**an appropriation that is made for the maintenance and
reproduction of human life**

en bevilling, der er afsat til opretholdelse og reproduktion af
menneskeliv

**such personal appropriation of the products of labour leave
no surplus wherewith to command the labour of others**

En sådan personlig tilegnelse af arbejdsprodukterne efterlader
intet overskud til at beordre andres arbejde

**All that we want to do away with, is the miserable character
of this appropriation**

Alt, hvad vi ønsker at afskaffe, er den elendige karakter af
denne tilegnelse

**the appropriation under which the labourer lives merely to
increase capital**

den tilegnelse, som arbejderen lever af, blot for at forøge
kapitalen

**he is allowed to live only in so far as the interest of the
ruling class requires it**

han får kun lov til at leve, for så vidt som den herskende
klasses interesser kræver det

**In Bourgeoisie society, living labour is but a means to
increase accumulated labour**

I borgerskabets samfund er levende arbejde kun et middel til
at øge det akkumulerede arbejde
**In Communist society, accumulated labour is but a means to
widen, to enrich, to promote the existence of the labourer**
I det kommunistiske samfund er akkumuleret arbejde kun et
middel til at udvide, til at berige og fremme arbejderens
eksistens
**In Bourgeoisie society, therefore, the past dominates the
present**
I det borgerlige samfund dominerer fortiden derfor nutiden
in Communist society the present dominates the past
i det kommunistiske samfund dominerer nutiden fortiden
**In Bourgeoisie society capital is independent and has
individuality**
I borgerskabets samfund er kapitalen uafhængig og har
individualitet
**In Bourgeoisie society the living person is dependent and
has no individuality**
I borgerskabets samfund er det levende menneske afhængig
og har ingen individualitet
**And the abolition of this state of things is called by the
Bourgeoisie, abolition of individuality and freedom!**
Og afskaffelsen af denne tingenes tilstand kaldes af
bourgeoisiet afskaffelse af individualitet og frihed!
**And it is rightly called the abolition of individuality and
freedom!**
Og det kaldes med rette afskaffelse af individualitet og frihed!
**Communism aims for the abolition of Bourgeoisie
individuality**
Kommunismen sigter mod afskaffelsen af borgerskabets
individualitet
**Communism intends for the abolition of Bourgeoisie
independence**
Kommunismen har til hensigt at afskaffe borgerskabets
uafhængighed

Bourgeoisie freedom is undoubtedly what communism is aiming at

Borgerskabets frihed er utvivlsomt, hvad kommunismen sigter mod

under the present Bourgeoisie conditions of production, freedom means free trade, free selling and buying

under de nuværende borgerlige produktionsbetingelser betyder frihed frihandel, frit salg og køb

But if selling and buying disappears, free selling and buying also disappears

Men hvis salg og køb forsvinder, forsvinder også frit salg og køb

"brave words" by the Bourgeoisie about free selling and buying only have meaning in a limited sense

"modige ord" fra borgerskabet om frit salg og køb har kun betydning i begrænset forstand

these words have meaning only in contrast with restricted selling and buying

Disse ord har kun betydning i modsætning til begrænset salg og køb

and these words have meaning only when applied to the fettered traders of the Middle Ages

og disse ord har kun betydning, når de anvendes om middelalderens lænkede handelsmænd

and that assumes these words even have meaning in a Bourgeoisie sense

og det forudsætter, at disse ord endda har betydning i borgerlig forstand

but these words have no meaning when they're being used to oppose the Communistic abolition of buying and selling

men disse ord har ingen betydning, når de bruges til at modsætte sig den kommunistiske afskaffelse af køb og salg

the words have no meaning when they're being used to oppose the Bourgeoisie conditions of production being abolished

ordene har ingen betydning, når de bruges til at modsætte sig,
at borgerskabets produktionsbetingelser afskaffes

**and they have no meaning when they're being used to
oppose the Bourgeoisie itself being abolished**

og de har ingen mening, når de bruges til at modsætte sig, at
borgerskabet selv bliver afskaffet

**You are horrified at our intending to do away with private
property**

Du er forfærdet over, at vi har til hensigt at afskaffe privat
ejendom

**But in your existing society, private property is already done
away with for nine-tenths of the population**

Men i jeres nuværende samfund er den private ejendomsret
allerede afskaffet for ni tiendedele af befolkningen

**the existence of private property for the few is solely due to
its non-existence in the hands of nine-tenths of the
population**

eksistensen af privat ejendom for de få skyldes udelukkende,
at den ikke eksisterer i hænderne på ni tiendedele af
befolkningen

**You reproach us, therefore, with intending to do away with a
form of property**

Du bebrejder os derfor, at vi har til hensigt at afskaffe en form
for ejendom

**but private property necessitates the non-existence of any
property for the immense majority of society**

men privat ejendom nødvendiggør, at det overvældende
flertal af samfundet ikke eksisterer nogen ejendom

**In one word, you reproach us with intending to do away
with your property**

Med ét ord bebrejder du os, at vi har til hensigt at afskaffe din
ejendom

**And it is precisely so; doing away with your Property is just
what we intend**

Og det er netop sådan; at gøre op med din ejendom er lige,
hvad vi har til hensigt

From the moment when labour can no longer be converted into capital, money, or rent
Fra det øjeblik, hvor arbejdet ikke længere kan omsættes til kapital, penge eller jordrente
when labour can no longer be converted into a social power capable of being monopolised
når arbejdet ikke længere kan omdannes til en social magt, der kan monopoliseres
from the moment when individual property can no longer be transformed into Bourgeoisie property
fra det øjeblik, hvor individuel ejendom ikke længere kan forvandles til borgerskab
from the moment when individual property can no longer be transformed into capital
fra det øjeblik, hvor den individuelle ejendom ikke længere kan omdannes til kapital
from that moment, you say individuality vanishes
fra det øjeblik siger du, at individualiteten forsvinder
You must, therefore, confess that by "individual" you mean no other person than the Bourgeoisie
De må derfor tilstå, at De med »individ« ikke mener nogen anden person end bourgeoisiet
you must confess it specifically refers to the middle-class owner of property
Du må indrømme, at det specifikt refererer til middelklassens ejer af ejendom
This person must, indeed, be swept out of the way, and made impossible
Denne person må virkelig fejes af vejen og gøres umulig
Communism deprives no man of the power to appropriate the products of society
Kommunismen berøver intet menneske magten til at tilegne sig samfundets produkter
all that Communism does is to deprive him of the power to subjugate the labour of others by means of such appropriation

alt, hvad kommunismen gør, er at fratage ham magten til at
undertvinge andres arbejde ved hjælp af en sådan tilegnelse
**It has been objected that upon the abolition of private
property all work will cease**
Det er blevet indvendt, at ved afskaffelsen af den private
ejendomsret vil alt arbejde ophøre
**and it is then suggested that universal laziness will overtake
us**
og det antydes derefter, at universel dovenskab vil overvælde
os
**According to this, Bourgeoisie society ought long ago to
have gone to the dogs through sheer idleness**
Ifølge dette burde det borgerlige samfund for længst være
gået til hundene på grund af ren lediggang
because those of its members who work, acquire nothing
fordi de af dens medlemmer, der arbejder, ikke erhverver
noget
and those of its members who acquire anything, do not work
og de af dens medlemmer, der erhverver noget, ikke arbejder
**The whole of this objection is but another expression of the
tautology**
Hele denne indvending er blot endnu et udtryk for
tautologien
**there can no longer be any wage-labour when there is no
longer any capital**
der kan ikke længere være noget lønarbejde, når der ikke
længere er nogen kapital
**there is no difference between material products and mental
products**
Der er ingen forskel på materielle produkter og mentale
produkter
**communism proposes both of these are produced in the
same way**
Kommunismen foreslår, at begge disse produceres på samme
måde

but the objections against the Communistic modes of producing these are the same

men indvendingerne mod de kommunistiske måder at producere disse på er de samme

to the Bourgeoisie the disappearance of class property is the disappearance of production itself

For bourgeoisiet er klasseejendommens forsvinden selve produktionens forsvinden

so the disappearance of class culture is to him identical with the disappearance of all culture

Så klassekulturens forsvinden er for ham identisk med al kulturs forsvinden

That culture, the loss of which he laments, is for the enormous majority a mere training to act as a machine

Denne kultur, hvis tab han beklager, er for det store flertal blot en opdragelse til at fungere som en maskine

Communists very much intend to abolish the culture of Bourgeoisie property

Kommunisterne har i høj grad til hensigt at afskaffe kulturen med borgerskabets ejendom

But don't wrangle with us so long as you apply the standard of your Bourgeoisie notions of freedom, culture, law, etc

Men skændes ikke med os, så længe du anvender standarden for dit borgerskabs forestillinger om frihed, kultur, lov osv

Your very ideas are but the outgrowth of the conditions of your Bourgeoisie production and Bourgeoisie property

Selve dine ideer er kun en udløber af betingelserne for din borgerlige produktion og borgerskabets ejendom

just as your jurisprudence is but the will of your class made into a law for all

ligesom din retsvidenskab kun er din klasses vilje gjort til en lov for alle

the essential character and direction of this will are determined by the economical conditions your social class create

Den essentielle karakter og retning af denne vilje bestemmes
af de økonomiske forhold, som jeres sociale klasse skaber
**The selfish misconception that induces you to transform
social forms into eternal laws of nature and of reason**
Den egoistiske misforståelse, der får dig til at forvandle sociale
former til evige naturlove og fornuftslove
**the social forms springing from your present mode of
production and form of property**
de samfundsmæssige former, der udspringer af din
nuværende produktionsmåde og ejendomsform
**historical relations that rise and disappear in the progress of
production**
historiske forhold, der opstår og forsvinder i produktionens
forløb
**this misconception you share with every ruling class that has
preceded you**
Denne misforståelse deler du med enhver herskende klasse,
der er gået forud for dig
**What you see clearly in the case of ancient property, what
you admit in the case of feudal property**
Hvad du ser klart i tilfælde af gammel ejendom, hvad du
indrømmer i tilfælde af feudal ejendom
**these things you are of course forbidden to admit in the case
of your own Bourgeoisie form of property**
disse ting er det naturligvis forbudt for Deres egen borgerlige
ejendomsform
**Abolition of the family! Even the most radical flare up at
this infamous proposal of the Communists**
Afskaffelse af familien! Selv de mest radikale blusser op over
dette berygtede forslag fra kommunisterne
**On what foundation is the present family, the Bourgeoisie
family, based?**
På hvilket grundlag er den nuværende familie,
borgerskabsfamilien, baseret?
**the foundation of the present family is based on capital and
private gain**

Grundlæggelsen af den nuværende familie er baseret på
kapital og privat vinding

**In its completely developed form this family exists only
among the Bourgeoisie**

I sin fuldt udviklede form eksisterer denne familie kun blandt
bourgeoisiet

**this state of things finds its complement in the practical
absence of the family among the proletarians**

Denne tingenes tilstand finder sit supplement i det praktiske
fravær af familien blandt proletarerne

this state of things can be found in public prostitution

Denne tingenes tilstand kan findes i offentlig prostitution

**The Bourgeoisie family will vanish as a matter of course
when its complement vanishes**

Borgerskabets familie vil forsvinde som en selvfølge, når dens
komplement forsvinder

**and both of these will will vanish with the vanishing of
capital**

og begge disse vil forsvinde med kapitalens forsvinden

**Do you charge us with wanting to stop the exploitation of
children by their parents?**

Beskylder du os for at ville stoppe deres forældres udnyttelse
af børn?

To this crime we plead guilty

Vi erklærer os skyldige i denne forbrydelse

**But, you will say, we destroy the most hallowed of relations,
when we replace home education by social education**

Men, vil du sige, vi ødelægger de helligste forhold, når vi
erstatter hjemmeundervisning med social opdragelse

**is your education not also social? And is it not determined
by the social conditions under which you educate?**

Er din uddannelse ikke også social? Og er det ikke bestemt af
de sociale forhold, du uddanner dig under?

**by the intervention, direct or indirect, of society, by means
of schools, etc.**

ved indgriben, direkte eller indirekte, af samfundet, ved hjælp
af skoler osv.

**The Communists have not invented the intervention of
society in education**

Kommunisterne har ikke opfundet samfundets indgriben i
undervisningen

they do but seek to alter the character of that intervention

De søger blot at ændre karakteren af dette indgreb

**and they seek to rescue education from the influence of the
ruling class**

og de søger at redde uddannelse fra den herskende klasses
indflydelse

**The Bourgeoisie talk of the hallowed co-relation of parent
and child**

Borgerskabet taler om det hellige forhold mellem forældre og
barn

**but this clap-trap about the family and education becomes
all the more disgusting when we look at Modern Industry**

men denne klapfælde om familien og uddannelsen bliver så
meget desto mere modbydelig, når vi ser på den moderne
industri

**all family ties among the proletarians are torn asunder by
modern industry**

Alle familiebånd mellem proletarerne er revet i stykker af
moderne industri

**their children are transformed into simple articles of
commerce and instruments of labour**

deres børn forvandles til simple handelsvarer og
arbejdsredskaber

**But you Communists would create a community of women,
screams the whole Bourgeoisie in chorus**

Men I kommunister ville skabe et fællesskab af kvinder, råber
hele bourgeoisiet i kor

**The Bourgeoisie sees in his wife a mere instrument of
production**

Bourgeoisiet ser i sin hustru blot et produktionsredskab

He hears that the instruments of production are to be exploited by all

Han hører, at produktionsinstrumenterne skal udnyttes af alle

and, naturally, he can come to no other conclusion than that the lot of being common to all will likewise fall to women

og naturligvis kan han ikke komme til anden konklusion, end at det at være fælles for alle også vil tilfalde kvinderne

He has not even a suspicion that the real point is to do away with the status of women as mere instruments of production

Han har ikke engang en mistanke om, at den egentlige pointe er at afskaffe kvinders status som rene produktionsinstrumenter

For the rest, nothing is more ridiculous than the virtuous indignation of our Bourgeoisie at the community of women

I øvrigt er intet mere latterligt end vort borgerskabs dydige indignation over kvindefællesskabet

they pretend it is to be openly and officially established by the Communists

de foregiver, at det skal være åbent og officielt etableret af kommunisterne

The Communists have no need to introduce community of women, it has existed almost from time immemorial

Kommunisterne har ikke behov for at indføre et kvindefællesskab, det har eksisteret næsten i umindelige tider

Our Bourgeoisie are not content with having the wives and daughters of their proletarians at their disposal

Bourgeoisiet er ikke tilfreds med at have deres proletarers hustruer og døtre til deres rådighed

they take the greatest pleasure in seducing each other's wives

de finder den største fornøjelse i at forføre hinandens koner

and that is not even to speak of common prostitutes

og det er ikke engang at tale om almindelige prostituerede

Bourgeoisie marriage is in reality a system of wives in common

Borgerskabets ægteskab er i virkeligheden et system af
hustruer i fællesskab
**then there is one thing that the Communists might possibly
be reproached with**
så er der én ting, som kommunisterne muligvis kan bebrejdes
**they desire to introduce an openly legalised community of
women**
de ønsker at indføre et åbent legaliseret fællesskab af kvinder
rather than a hypocritically concealed community of women
snarere end et hyklerisk skjult fællesskab af kvinder
**the community of women springing from the system of
production**
Kvindefællesskabet, der udspringer af produktionssystemet
**abolish the system of production, and you abolish the
community of women**
Afskaf produktionssystemet, og du afskaffer
kvindefællesskabet
**both public prostitution is abolished, and private
prostitution**
både offentlig prostitution afskaffes, og privat prostitution
afskaffes
**The Communists are further more reproached with desiring
to abolish countries and nationality**
Kommunisterne bebrejdes desuden mere, at de ønsker at
afskaffe lande og nationalitet
**The working men have no country, so we cannot take from
them what they have not got**
Arbejderne har intet land, så vi kan ikke tage fra dem, hvad de
ikke har fået
the proletariat must first of all acquire political supremacy
proletariatet må først og fremmest opnå politisk
overherredømme
the proletariat must rise to be the leading class of the nation
proletariatet må rejse sig til at blive nationens ledende klasse
the proletariat must constitute itself the nation
proletariatet må konstituere sig selv som nationen

it is, so far, itself national, though not in the Bourgeoisie sense of the word

den er indtil videre selv national, skønt ikke i ordets borgerlige betydning

National differences and antagonisms between peoples are daily more and more vanishing

Nationale forskelle og modsætninger mellem folkeslag forsvinder for hver dag mere og mere

owing to the development of the Bourgeoisie, to freedom of commerce, to the world-market

på grund af bourgeoisiets udvikling, på grund af den frie handel, på verdensmarkedet

to uniformity in the mode of production and in the conditions of life corresponding thereto

ensartethed i produktionsmåden og i de dertil knyttede levevilkår

The supremacy of the proletariat will cause them to vanish still faster

Proletariatets overherredømme vil få dem til at forsvinde endnu hurtigere

United action, of the leading civilised countries at least, is one of the first conditions for the emancipation of the proletariat

Enhedsaktion, i det mindste fra de førende civiliserede lande, er en af de første betingelser for proletariatets befrielse

In proportion as the exploitation of one individual by another is put an end to, the exploitation of one nation by another will also be put an end to

I samme grad som der sættes en stopper for et andet individs udbytning, vil der også blive sat en stopper for en nations udbytning af et andet

In proportion as the antagonism between classes within the nation vanishes, the hostility of one nation to another will come to an end

I samme grad som modsætningen mellem klasserne inden for nationen forsvinder, vil den ene nations fjendtlighed over for den anden ophøre

The charges against Communism made from a religious, a philosophical, and, generally, from an ideological standpoint, are not deserving of serious examination

Anklagerne mod kommunismen fra et religiøst, et filosofisk og generelt fra et ideologisk synspunkt fortjener ikke en seriøs undersøgelse

Does it require deep intuition to comprehend that man's ideas, views and conceptions changes with every change in the conditions of his material existence?

Kræver det dyb intuition at forstå, at menneskets ideer, anskuelser og forestillinger ændrer sig med enhver forandring i betingelserne for dets materielle tilværelse?

is it not obvious that man's consciousness changes when his social relations and his social life changes?

Er det ikke indlysende, at menneskets bevidsthed forandrer sig, når dets sociale relationer og dets sociale liv forandrer sig?

What else does the history of ideas prove, than that intellectual production changes its character in proportion as material production is changed?

Hvad beviser idéhistorien andet, end at den intellektuelle produktion ændrer karakter i takt med, at den materielle produktion forandres?

The ruling ideas of each age have ever been the ideas of its ruling class

De herskende ideer i hver tidsalder har altid været den herskende klasses ideer

When people speak of ideas that revolutionise society, they do but express one fact

Når folk taler om ideer, der revolutionerer samfundet, udtrykker de kun én kendsgerning

within the old society, the elements of a new one have been created

I det gamle samfund er elementerne til et nyt blevet skabt

and that the dissolution of the old ideas keeps even pace
with the dissolution of the old conditions of existence
og at opløsningen af de gamle ideer holder trit med
opløsningen af de gamle tilværelsesbetingelser
When the ancient world was in its last throes, the ancient
religions were overcome by Christianity
Da den antikke verden var i sine sidste krampetrækninger,
blev de gamle religioner overvundet af kristendommen
When Christian ideas succumbed in the 18th century to
rationalist ideas, feudal society fought its death battle with
the then revolutionary Bourgeoisie
Da kristne ideer i det 18. århundrede bukkede under for
rationalistiske ideer, udkæmpede det feudale samfund sin
dødskamp mod det dengang revolutionære borgerskab
The ideas of religious liberty and freedom of conscience
merely gave expression to the sway of free competition
within the domain of knowledge
Ideerne om religionsfrihed og samvittighedsfrihed gav blot
udtryk for den frie konkurrences herredømme på
kundskabens område
"Undoubtedly," it will be said, "religious, moral,
philosophical and juridical ideas have been modified in the
course of historical development"
"Utvivlsomt," vil det blive sagt, "er religiøse, moralske,
filosofiske og juridiske ideer blevet modificeret i løbet af den
historiske udvikling"
"But religion, morality philosophy, political science, and
law, constantly survived this change"
"Men religion, moral, filosofi, statskundskab og jura
overlevede konstant denne forandring"
"There are also eternal truths, such as Freedom, Justice, etc"
"Der er også evige sandheder, såsom frihed, retfærdighed
osv."
"these eternal truths are common to all states of society"
"Disse evige sandheder er fælles for alle samfundstilstande"

"But Communism abolishes eternal truths, it abolishes all religion, and all morality"

"Men kommunismen afskaffer evige sandheder, den afskaffer al religion og al moral"

"it does this instead of constituting them on a new basis"

"Det gør det i stedet for at konstituere dem på et nyt grundlag"

"it therefore acts in contradiction to all past historical experience"

"den handler derfor i modstrid med alle tidligere historiske erfaringer"

What does this accusation reduce itself to?

Hvad reducerer denne anklage sig selv til?

The history of all past society has consisted in the development of class antagonisms

Hele fortidens samfunds historie har bestået i udviklingen af klassemodsætninger

antagonisms that assumed different forms at different epochs

antagonismer, der antog forskellige former i forskellige epoker

But whatever form they may have taken, one fact is common to all past ages

Men uanset hvilken form de måtte have antaget, er der én kendsgerning, der er fælles for alle tidligere tidsaldre

the exploitation of one part of society by the other

den anden del af samfundets udnyttelse af den ene del af samfundet

No wonder, then, that the social consciousness of past ages moves within certain common forms, or general ideas

Det er derfor ikke så mærkeligt, at tidligere tiders sociale bevidsthed bevæger sig inden for visse fælles former eller almene ideer

(and that is despite all the multiplicity and variety it displays)

(og det er på trods af al den mangfoldighed og variation, den viser)

and these cannot completely vanish except with the total disappearance of class antagonisms

og disse kan ikke forsvinde fuldstændigt, medmindre klassemodsætningerne helt forsvinder

The Communist revolution is the most radical rupture with traditional property relations

Den kommunistiske revolution er det mest radikale brud med de traditionelle ejendomsforhold

no wonder that its development involves the most radical rupture with traditional ideas

Ikke underligt, at dens udvikling indebærer det mest radikale brud med traditionelle ideer

But let us have done with the Bourgeoisie objections to Communism

Men lad os være færdige med bourgeoisiets indvendinger mod kommunismen

We have seen above the first step in the revolution by the working class

Vi har ovenfor set arbejderklassens første skridt i revolutionen

proletariat has to be raised to the position of ruling, to win the battle of democracy

proletariatet må hæves til den herskende position, for at vinde kampen om demokratiet

The proletariat will use its political supremacy to wrest, by degrees, all capital from the Bourgeoisie

Proletariatet vil bruge sit politiske overherredømme til lidt efter lidt at vriste al kapital ud af bourgeoisiet

it will centralise all instruments of production in the hands of the State

den vil centralisere alle produktionsinstrumenter i hænderne på staten

in other words, the proletariat organised as the ruling class

med andre ord, proletariatet organiseret som den herskende klasse

and it will increase the total of productive forces as rapidly as possible

og det vil øge de samlede produktivkræfter så hurtigt som muligt

Of course, in the beginning, this cannot be effected except by means of despotic inroads on the rights of property

Naturligvis kan dette i begyndelsen kun ske ved hjælp af despotiske indgreb i ejendomsretten

and it has to be achieved on the conditions of Bourgeoisie production

og det skal opnås på borgerskabets produktionsbetingelser

it is achieved by means of measures, therefore, which appear economically insufficient and untenable

Den opnås derfor ved hjælp af foranstaltninger, der forekommer økonomisk utilstrækkelige og uholdbare

but these means, in the course of the movement, outstrip themselves

men disse midler overgår i løbet af bevægelsen sig selv

they necessitate further inroads upon the old social order

de nødvendiggør yderligere indgreb i den gamle samfundsorden

and they are unavoidable as a means of entirely revolutionising the mode of production

og de er uundgåelige som et middel til fuldstændig at revolutionere produktionsmåden

These measures will of course be different in different countries

Disse foranstaltninger vil naturligvis være forskellige i de forskellige lande

Nevertheless in the most advanced countries, the following will be pretty generally applicable:

Ikke desto mindre vil følgende i de mest avancerede lande være temmelig generelt anvendelige:

1. Abolition of property in land and application of all rents of land to public purposes.

1. Afskaffelse af ejendomsret til jord og anvendelse af al jordrente til offentlige formål.

2. A heavy progressive or graduated income tax.

2. En tung progressiv eller gradueret indkomstskat.

3. Abolition of all right of inheritance.

3. Afskaffelse af al arveret.

4. Confiscation of the property of all emigrants and rebels.

4. Konfiskation af alle emigranters og oprøreres ejendom.

5. Centralisation of credit in the hands of the State, by means of a national bank with State capital and an exclusive monopoly.

5. Centralisering af kreditten til staten ved hjælp af en nationalbank med statskapital og et eksklusivt monopol.

6. Centralisation of the means of communication and transport in the hands of the State.

6. Centralisering af kommunikations- og transportmidlerne i statens hænder.

7. Extension of factories and instruments of production owned by the State

7. Udvidelse af fabrikker og produktionsinstrumenter ejet af staten

the bringing into cultivation of waste-lands, and the improvement of the soil generally in accordance with a common plan.

Dyrkning af øde arealer og forbedring af jorden i almindelighed i overensstemmelse med en fælles plan.

8. Equal liability of all to labour

8. Lige ansvar for alle over for arbejdet

Establishment of industrial armies, especially for agriculture.

Oprettelse af industrielle hære, især til landbrug.

9. Combination of agriculture with manufacturing industries

9. Kombination af landbrug og fremstillingsindustri

gradual abolition of the distinction between town and country, by a more equable distribution of the population over the country.
gradvis afskaffelse af forskellen mellem by og land ved en mere jævn fordeling af befolkningen over landet.

10. Free education for all children in public schools.
10. Gratis uddannelse for alle børn i offentlige skoler.

Abolition of children's factory labour in its present form
Afskaffelse af børnearbejde i fabriksarbejde i sin nuværende form

Combination of education with industrial production
Kombination af uddannelse og industriel produktion

When, in the course of development, class distinctions have disappeared
Når klasseforskellene i løbet af udviklingen er forsvundet

and when all production has been concentrated in the hands of a vast association of the whole nation
og når al produktion er blevet koncentreret i hænderne på en stor sammenslutning af hele nationen

then the public power will lose its political character
så vil den offentlige magt miste sin politiske karakter

Political power, properly so called, is merely the organised power of one class for oppressing another
Den egentlige politiske magt er blot en klasses organiserede magt til at undertrykke en anden

If the proletariat during its contest with the Bourgeoisie is compelled, by the force of circumstances, to organise itself as a class
Hvis proletariatet under sin kamp med bourgeoisiet på grund af omstændighederne er tvunget til at organisere sig som klasse

if, by means of a revolution, it makes itself the ruling class
hvis den ved hjælp af en revolution gør sig selv til den herskende klasse

and, as such, it sweeps away by force the old conditions of production

og som sådan fejer den med magt de gamle
produktionsbetingelser væk

**then it will, along with these conditions, have swept away
the conditions for the existence of class antagonisms and of
classes generally**

så vil den sammen med disse betingelser have fejet
betingelserne for eksistensen af klassemodsætninger og
klasser i almindelighed væk

**and will thereby have abolished its own supremacy as a
class.**

og vil derved have afskaffet sit eget overherredømme som
klasse.

**In place of the old Bourgeoisie society, with its classes and
class antagonisms, we shall have an association**

I stedet for det gamle borgerlige samfund med dets klasser og
klassemodsætninger vil vi have en forening

**an association in which the free development of each is the
condition for the free development of all**

en forening, hvor den enkeltes frie udvikling er betingelsen for
den frie udvikling af alle

1) Reactionary Socialism
1) Reaktionær socialisme

***

a) Feudal Socialism
a) Feudal socialisme

the aristocracies of France and England had a unique historical position
aristokratierne i Frankrig og England havde en unik historisk position
it became their vocation to write pamphlets against modern Bourgeoisie society
det blev deres kald at skrive pamfletter mod det moderne borgerskab
In the French revolution of July 1830, and in the English reform agitation
I den franske revolution i juli 1830 og i den engelske reformagitation
these aristocracies again succumbed to the hateful upstart
Disse aristokratier bukkede igen under for den hadefulde opkomling
Thenceforth, a serious political contest was altogether out of the question
Fra da af var en seriøs politisk kamp helt udelukket
All that remained possible was literary battle, not an actual battle
Det eneste, der var muligt, var litterær kamp, ikke en egentlig kamp
But even in the domain of literature the old cries of the restoration period had become impossible
Men selv på litteraturens område var de gamle råb fra restaurationsperioden blevet umulige
In order to arouse sympathy, the aristocracy were obliged to lose sight, apparently, of their own interests

For at vække sympati var aristokratiet tilsyneladende nødt til at tabe deres egne interesser af syne

and they were obliged to formulate their indictment against the Bourgeoisie in the interest of the exploited working class

og de var nødt til at formulere deres anklage mod bourgeoisiet i den udbyttede arbejderklasses interesse

Thus the aristocracy took their revenge by singing lampoons on their new master

Således tog aristokratiet deres hævn ved at synge spottende over deres nye herre

and they took their revenge by whispering in his ears sinister prophecies of coming catastrophe

og de tog deres hævn ved at hviske i hans ører uhyggelige profetier om kommende katastrofe

In this way arose Feudal Socialism: half lamentation, half lampoon

På denne måde opstod den feudale socialisme: halvt klagesang, halvt spottende

it rung as half echo of the past, and projected half menace of the future

den lød som et halvt ekko af fortiden og projicerede halvt en trussel om fremtiden

at times, by its bitter, witty and incisive criticism, it struck the Bourgeoisie to the very heart's core

til tider ramte den med sin bitre, vittige og skarpe kritik borgerskabet helt ind i hjertet

but it was always ludicrous in its effect, through total incapacity to comprehend the march of modern history

men den var altid latterlig i sin virkning, fordi den var fuldstændig ude af stand til at forstå den moderne histories gang

The aristocracy, in order to rally the people to them, waved the proletarian alms-bag in front for a banner

For at samle folket viftede aristokratiet med den proletariske almissepose foran et banner

But the people, so often as it joined them, saw on their hindquarters the old feudal coats of arms

Men så ofte folket sluttede sig til dem, så de gamle feudale våbenskjolde på deres bagdel

and they deserted with loud and irreverent laughter

og de deserterede med høj og uærbødig latter

One section of the French Legitimists and "Young England" exhibited this spectacle

En sektion af de franske legitimister og "Young England" udstillede dette skuespil

the feudalists pointed out that their mode of exploitation was different to that of the Bourgeoisie

feudalisterne påpegede, at deres udbytningsmåde var anderledes end bourgeoisiets

the feudalists forget that they exploited under circumstances and conditions that were quite different

Feudalisterne glemmer, at de udnyttede under helt andre omstændigheder og betingelser

and they didn't notice such methods of exploitation are now antiquated

og de bemærkede ikke, at sådanne udnyttelsesmetoder nu er forældede

they showed that, under their rule, the modern proletariat never existed

De viste, at det moderne proletariat aldrig har eksisteret under deres herredømme

but they forget that the modern Bourgeoisie is the necessary offspring of their own form of society

men de glemmer, at det moderne bourgeoisi er det nødvendige afkom af deres egen samfundsform

For the rest, they hardly conceal the reactionary character of their criticism

I øvrigt lægger de næppe skjul på den reaktionære karakter af deres kritik

their chief accusation against the Bourgeoisie amounts to the following

deres hovedanklage mod bourgeoisiet går ud på følgende
under the Bourgeoisie regime a social class is being developed
under borgerskabets regime udvikles en social klasse
this social class is destined to cut up root and branch the old order of society
Denne sociale klasse er bestemt til at skære den gamle samfundsorden op med rod og forgrene
What they upbraid the Bourgeoisie with is not so much that it creates a proletariat
Det, de bebrejder bourgeoisiet for, er ikke så meget, at det skaber et proletariat
what they upbraid the Bourgeoisie with is moreso that it creates a revolutionary proletariat
det, de bebrejder bourgeoisiet for, er mere, at det skaber et revolutionært proletariat
In political practice, therefore, they join in all coercive measures against the working class
I den politiske praksis deltager de derfor i alle tvangsforanstaltninger mod arbejderklassen
and in ordinary life, despite their highfalutin phrases, they stoop to pick up the golden apples dropped from the tree of industry
og i det almindelige liv, på trods af deres højtravende sætninger, bøjer de sig ned for at samle de gyldne æbler, der er faldet ned fra industriens træ
and they barter truth, love, and honour for commerce in wool, beetroot-sugar, and potato spirits
og de bytter sandhed, kærlighed og ære for handel med uld, rødbedesukker og kartoffelbrændevin
As the parson has ever gone hand in hand with the landlord, so has Clerical Socialism with Feudal Socialism
Ligesom præsten altid er gået hånd i hånd med godsejeren, således er gejstlig socialisme med feudal socialisme
Nothing is easier than to give Christian asceticism a Socialist tinge

Intet er lettere end at give kristen askese et socialistisk skær

Has not Christianity declaimed against private property, against marriage, against the State?

Har kristendommen ikke forkyndt mod privatejendommen, mod ægteskabet, mod staten?

Has Christianity not preached in the place of these, charity and poverty?

Har kristendommen ikke prædiket i stedet for disse, næstekærlighed og fattigdom?

Does Christianity not preach celibacy and mortification of the flesh, monastic life and Mother Church?

Prædiker kristendommen ikke cølibatet og kødets dødgørelse, klosterlivet og moderkirken?

Christian Socialism is but the holy water with which the priest consecrates the heart-burnings of the aristocrat

Kristen socialisme er kun det hellige vand, hvormed præsten indvier aristokratens hjertebrændende

b) Petty-Bourgeois Socialism
b) Småborgerlig socialisme

The feudal aristocracy was not the only class that was ruined by the Bourgeoisie
Det feudale aristokrati var ikke den eneste klasse, der blev ruineret af bourgeoisiet
it was not the only class whose conditions of existence pined and perished in the atmosphere of modern Bourgeoisie society
det var ikke den eneste klasse, hvis eksistensbetingelser forsvandt og gik til grunde i atmosfæren i det moderne borgerskab
The medieval burgesses and the small peasant proprietors were the precursors of the modern Bourgeoisie
Middelalderens borgerskaber og småbønderne var forløbere for det moderne bourgeoisi
In those countries which are but little developed, industrially and commercially, these two classes still vegetate side by side
I de lande, der kun er lidet udviklede, industrielt og kommercielt, beveges disse to klasser stadig side om side
and in the meantime the Bourgeoisie rise up next to them: industrially, commercially, and politically
og i mellemtiden rejser bourgeoisiet sig ved siden af dem: industrielt, kommercielt og politisk
In countries where modern civilisation has become fully developed, a new class of petty Bourgeoisie has been formed
I lande, hvor den moderne civilisation er blevet fuldt udviklet, er der dannet en ny klasse af småborgerskab
this new social class fluctuates between proletariat and Bourgeoisie
denne nye sociale klasse svinger mellem proletariat og bourgeoisi
and it is ever renewing itself as a supplementary part of Bourgeoisie society

og den fornyer sig hele tiden som en supplerende del af det
borgerlige samfund
**The individual members of this class, however, are being
constantly hurled down into the proletariat**
Men de enkelte medlemmer af denne klasse bliver bestandig
kastet ned i proletariatet
**they are sucked up by the proletariat through the action of
competition**
de suges op af proletariatet gennem konkurrencens handling
**as modern industry develops they even see the moment
approaching when they will completely disappear as an
independent section of modern society**
Efterhånden som den moderne industri udvikler sig, ser de
endda det øjeblik nærme sig, hvor de helt vil forsvinde som en
uafhængig del af det moderne samfund
**they will be replaced, in manufactures, agriculture and
commerce, by overlookers, bailiffs and shopmen**
De vil blive erstattet af opsynsmænd, fogeder og købmænd
inden for manufaktur, landbrug og handel
**In countries like France, where the peasants constitute far
more than half of the population**
I lande som Frankrig, hvor bønderne udgør langt mere end
halvdelen af befolkningen
**it was natural that there there are writers who sided with the
proletariat against the Bourgeoisie**
det var naturligt, at der var forfattere, der stillede sig på
proletariatets side mod bourgeoisiet
**in their criticism of the Bourgeoisie regime they used the
standard of the peasant and petty Bourgeoisie**
i deres kritik af borgerskabets regime brugte de bonde- og
småborgerskabets fane
**and from the standpoint of these intermediate classes they
take up the cudgels for the working class**
og fra disse mellemklassers synspunkt tager de kampen op for
arbejderklassen

Thus arose petty-Bourgeoisie Socialism, of which Sismondi was the head of this school, not only in France but also in England

Således opstod småborgerlig socialisme, som Sismondi var leder af denne skole, ikke blot i Frankrig, men også i England

This school of Socialism dissected with great acuteness the contradictions in the conditions of modern production

Denne socialisme dissekerede med stor skarphed modsigelserne i den moderne produktions betingelser

This school laid bare the hypocritical apologies of economists

Denne skole afslørede økonomernes hykleriske undskyldninger

This school proved, incontrovertibly, the disastrous effects of machinery and division of labour

Denne skole beviste uomtvisteligt de katastrofale virkninger af maskiner og arbejdsdeling

it proved the concentration of capital and land in a few hands

det beviste, at kapital og jord var koncentreret på få hænder

it proved how overproduction leads to Bourgeoisie crises

den beviste, hvordan overproduktion fører til borgerskabets kriser

it pointed out the inevitable ruin of the petty Bourgeoisie and peasant

den påpegede småborgerskabets og bondens uundgåelige undergang

the misery of the proletariat, the anarchy in production, the crying inequalities in the distribution of wealth

proletariatets elendighed, anarkiet i produktionen, de skrigende uligheder i fordelingen af rigdom

it showed how the system of production leads the industrial war of extermination between nations

den viste, hvordan produktionssystemet fører den industrielle udryddelseskrig mellem nationer

the dissolution of old moral bonds, of the old family relations, of the old nationalities
opløsningen af gamle moralske bånd, af de gamle familieforhold, af de gamle nationaliteter
In its positive aims, however, this form of Socialism aspires to achieve one of two things
I sine positive mål stræber denne form for socialisme imidlertid efter at opnå en af to ting
either it aims to restore the old means of production and of exchange
enten sigter den mod at genoprette de gamle produktions- og udvekslingsmidler
and with the old means of production it would restore the old property relations, and the old society
og med de gamle produktionsmidler ville det genoprette de gamle ejendomsforhold og det gamle samfund
or it aims to cramp the modern means of production and exchange into the old framework of the property relations
eller den sigter mod at indsnævre de moderne produktions- og udvekslingsmidler i de gamle rammer for ejendomsforholdene
In either case, it is both reactionary and Utopian
I begge tilfælde er det både reaktionært og utopisk
Its last words are: corporate guilds for manufacture, patriarchal relations in agriculture
Dens sidste ord er: korporative laug for fremstilling, patriarkalske relationer i landbruget
Ultimately, when stubborn historical facts had dispersed all intoxicating effects of self-deception
I sidste ende, da stædige historiske kendsgerninger havde spredt alle berusende virkninger af selvbedrag
this form of Socialism ended in a miserable fit of pity
denne form for socialisme endte i et ynkeligt anfald af medlidenhed

c) German, or "True," Socialism
c) Tysk eller "sand" socialisme

The Socialist and Communist literature of France originated under the pressure of a Bourgeoisie in power
Den socialistiske og kommunistiske litteratur i Frankrig opstod under pres fra et borgerskab ved magten
and this literature was the expression of the struggle against this power
og denne litteratur var udtryk for kampen mod denne magt
it was introduced into Germany at a time when the Bourgeoisie had just begun its contest with feudal absolutism
den blev indført i Tyskland på et tidspunkt, hvor bourgeoisiet netop havde indledt sin kamp mod feudal enevælde
German philosophers, would-be philosophers, and beaux esprits, eagerly seized on this literature
Tyske filosoffer, vordende filosoffer og beaux esprits greb ivrigt fat i denne litteratur
but they forgot that the writings immigrated from France into Germany without bringing the French social conditions along
men de glemte, at skrifterne indvandrede fra Frankrig til Tyskland uden at bringe de franske sociale forhold med sig
In contact with German social conditions, this French literature lost all its immediate practical significance
I kontakt med tyske samfundsforhold mistede denne franske litteratur al sin umiddelbare praktiske betydning
and the Communist literature of France assumed a purely literary aspect in German academic circles
og den kommunistiske litteratur i Frankrig antog et rent litterært aspekt i tyske akademiske kredse
Thus, the demands of the first French Revolution were nothing more than the demands of "Practical Reason"
Således var den første franske revolutions krav ikke andet end kravene fra "praktisk fornuft"

and the utterance of the will of the revolutionary French Bourgeoisie signified in their eyes the law of pure Will

og det revolutionære franske bourgeoisis viljeudtale betød i deres øjne den rene viljes lov

it signified Will as it was bound to be; of true human Will generally

det betød vilje, som det var nødt til at være; af sand menneskelig vilje generelt

The world of the German literati consisted solely in bringing the new French ideas into harmony with their ancient philosophical conscience

De tyske litteraters verden bestod udelukkende i at bringe de nye franske ideer i harmoni med deres gamle filosofiske samvittighed

or rather, they annexed the French ideas without deserting their own philosophic point of view

eller rettere, de annekterede de franske ideer uden at svigte deres eget filosofiske synspunkt

This annexation took place in the same way in which a foreign language is appropriated, namely, by translation

Denne annektering fandt sted på samme måde, som et fremmedsprog tilegnes, nemlig ved oversættelse

It is well known how the monks wrote silly lives of Catholic Saints over manuscripts

Det er velkendt, hvordan munkene skrev fjollede liv om katolske helgener over manuskripter

the manuscripts on which the classical works of ancient heathendom had been written

de manuskripter, hvorpå de klassiske værker fra den gamle hedenskab var blevet skrevet

The German literati reversed this process with the profane French literature

De tyske litterater vendte denne proces med den profane franske litteratur

They wrote their philosophical nonsense beneath the French original

De skrev deres filosofiske nonsens under den franske original
**For instance, beneath the French criticism of the economic
functions of money, they wrote "Alienation of Humanity"**
For eksempel skrev de under den franske kritik af pengenes
økonomiske funktioner "Fremmedgørelse af menneskeheden"
**beneath the French criticism of the Bourgeoisie State they
wrote "dethronement of the Category of the General"**
under den franske kritik af borgerstaten skrev de
"detronisering af generalens kategori"
**The introduction of these philosophical phrases at the back
of the French historical criticisms they dubbed:**
Introduktionen af disse filosofiske sætninger bagerst i den
franske historiekritik, de kaldte:
**"Philosophy of Action," "True Socialism," "German Science
of Socialism," "Philosophical Foundation of Socialism," and
so on**
"Handlingsfilosofi", "Sand socialisme", "Tysk videnskab om
socialisme", "Socialismens filosofiske grundlag" og så videre
**The French Socialist and Communist literature was thus
completely emasculated**
Den franske socialistiske og kommunistiske litteratur blev
således fuldstændig kastreret
**in the hands of the German philosophers it ceased to express
the struggle of one class with the other**
i hænderne på de tyske filosoffer ophørte den med at
udtrykke den ene klasses kamp mod den anden
**and so the German philosophers felt conscious of having
overcome "French one-sidedness"**
og derfor følte de tyske filosoffer sig bevidste om at have
overvundet "fransk ensidighed"
**it did not have to represent true requirements, rather, it
represented requirements of truth**
den behøvede ikke at repræsentere sande krav, snarere
repræsenterede den krav om sandhed
**there was no interest in the proletariat, rather, there was
interest in Human Nature**

der var ingen interesse for proletariatet, snarere var der
interesse for den menneskelige natur

**the interest was in Man in general, who belongs to no class,
and has no reality**

interessen var for mennesket i almindelighed, som ikke
tilhører nogen klasse og ikke har nogen virkelighed

**a man who exists only in the misty realm of philosophical
fantasy**

en mand, der kun eksisterer i den filosofiske fantasis tågede
rige

**but eventually this schoolboy German Socialism also lost its
pedantic innocence**

men til sidst mistede også denne skoledreng tyske socialisme
sin pedantiske uskyld

**the German Bourgeoisie, and especially the Prussian
Bourgeoisie fought against feudal aristocracy**

det tyske bourgeoisi og især det preussiske bourgeoisi
kæmpede mod det feudale aristokrati

**the absolute monarchy of Germany and Prussia was also
being faught against**

det absolutte monarki Tyskland og Preussen blev også
bekæmpet

**and in turn, the literature of the liberal movement also
became more earnest**

og til gengæld blev den liberale bevægelses litteratur også
mere alvorlig

**Germany's long wished-for opportunity for "true" Socialism
was offered**

Tysklands længe ønskede mulighed for "ægte" socialisme blev
tilbudt

**the opportunity of confronting the political movement with
the Socialist demands**

muligheden for at konfrontere den politiske bevægelse med
de socialistiske krav

**the opportunity of hurling the traditional anathemas against
liberalism**

Muligheden for at slynge de traditionelle bandlysninger mod
liberalismen
**the opportunity to attack representative government and
Bourgeoisie competition**
muligheden for at angribe den repræsentative regering og
borgerskabets konkurrence
**Bourgeoisie freedom of the press, Bourgeoisie legislation,
Bourgeoisie liberty and equality**
Borgerskabets pressefrihed, borgerskabets lovgivning,
borgerskabets frihed og lighed
**all of these could now be critiqued in the real world, rather
than in fantasy**
Alle disse kunne nu kritiseres i den virkelige verden snarere
end i fantasien
**feudal aristocracy and absolute monarchy had long preached
to the masses**
Feudalt aristokrati og enevælde monarki havde længe
prædiket for masserne
**"the working man has nothing to lose, and he has everything
to gain"**
"Den arbejdende mand har intet at tabe, og han har alt at
vinde"
**the Bourgeoisie movement also offered a chance to confront
these platitudes**
borgerbevægelsen tilbød også en chance for at konfrontere
disse floskler
**the French criticism presupposed the existence of modern
Bourgeoisie society**
den franske kritik forudsatte eksistensen af det moderne
borgerskab
**Bourgeoisie economic conditions of existence and
Bourgeoisie political constitution**
Borgerskabets økonomiske eksistensbetingelser og
borgerskabets politiske forfatning
**the very things whose attainment was the object of the
pending struggle in Germany**

de ting, hvis opnåelse var målet for den forestående kamp i
Tyskland

**Germany's silly echo of socialism abandoned these goals
just in the nick of time**

Tysklands fjollede ekko af socialisme opgav disse mål lige i
sidste øjeblik

**the absolute governments had their following of parsons,
professors, country squires and officials**

De absolutte regeringer havde deres tilhængerskare af
præster, professorer, godsejere og embedsmænd

**the government of the time met the German working-class
risings with floggings and bullets**

den daværende regering mødte de tyske arbejderstande med
piskninger og kugler

**for them this socialism served as a welcome scarecrow
against the threatening Bourgeoisie**

for dem tjente denne socialisme som et velkomment
fugleskræmsel mod det truende bourgeoisi

**and the German government was able to offer a sweet
dessert after the bitter pills it handed out**

og den tyske regering var i stand til at tilbyde en sød dessert
efter de bitre piller, den uddelte

**this "True" Socialism thus served the governments as a
weapon for fighting the German Bourgeoisie**

denne »sande« socialisme tjente således regeringerne som et
våben til at bekæmpe det tyske bourgeoisi

**and, at the same time, it directly represented a reactionary
interest; that of the German Philistines**

og samtidig repræsenterede den direkte en reaktionær
interesse; de tyske filistre,

**In Germany the petty Bourgeoisie class is the real social
basis of the existing state of things**

I Tyskland er småborgerskabets klasse det virkelige sociale
grundlag for den bestående tingenes tilstand

**a relique of the sixteenth century that has constantly been
cropping up under various forms**

et levn fra det sekstende århundrede, der konstant er dukket
op under forskellige former

**To preserve this class is to preserve the existing state of
things in Germany**

At bevare denne klasse er at bevare den eksisterende tingenes
tilstand i Tyskland

**The industrial and political supremacy of the Bourgeoisie
threatens the petty Bourgeoisie with certain destruction**

Bourgeoisiets industrielle og politiske overherredømme truer
småborgerskabet med sikker ødelæggelse

**on the one hand, it threatens to destroy the petty Bourgeoisie
through the concentration of capital**

på den ene side truer den med at ødelægge småborgerskabet
gennem koncentration af kapital

**on the other hand, the Bourgeoisie threatens to destroy it
through the rise of a revolutionary proletariat**

på den anden side truer bourgeoisiet med at ødelægge det
gennem et revolutionært proletariats fremkomst

**"True" Socialism appeared to kill these two birds with one
stone. It spread like an epidemic**

Den "sande" socialisme syntes at slå disse to fluer med et
smæk. Det spredte sig som en epidemi

**The robe of speculative cobwebs, embroidered with flowers
of rhetoric, steeped in the dew of sickly sentiment**

Kappen af spekulative spindelvæv, broderet med retorikkens
blomster, gennemsyret af sygelige følelsers dug

**this transcendental robe in which the German Socialists
wrapped their sorry "eternal truths"**

denne transcendentale kappe, som de tyske socialister svøbte
deres sørgelige »evige sandheder« i.

**all skin and bone, served to wonderfully increase the sale of
their goods amongst such a public**

alle skind og ben, tjente til vidunderligt at øge salget af deres
varer blandt et sådant publikum

**And on its part, German Socialism recognised, more and
more, its own calling**

Og på sin side anerkendte den tyske socialisme mere og mere sit eget kald

it was called to be the bombastic representative of the petty-Bourgeoisie Philistine

den blev kaldt den bombastiske repræsentant for den småborgerlige filister

It proclaimed the German nation to be the model nation, and German petty Philistine the model man

Den proklamerede den tyske nation som mønsternationen og den tyske småfilister som mønstermennesket

To every villainous meanness of this model man it gave a hidden, higher, Socialistic interpretation

Til enhver skurkagtig ondskabsfuldhed hos dette mønstermenneske gav den en skjult, højere, socialistisk fortolkning

this higher, Socialistic interpretation was the exact contrary of its real character

denne højere, socialistiske fortolkning var det stik modsatte af dens virkelige karakter

It went to the extreme length of directly opposing the "brutally destructive" tendency of Communism

Den gik så langt som til direkte at modsætte sig kommunismens "brutalt destruktive" tendens

and it proclaimed its supreme and impartial contempt of all class struggles

og den proklamerede sin højeste og upartiske foragt for alle klassekampe

With very few exceptions, all the so-called Socialist and Communist publications that now (1847) circulate in Germany belong to the domain of this foul and enervating literature

Med meget få undtagelser hører alle de såkaldte socialistiske og kommunistiske publikationer, der nu (1847) cirkulerer i Tyskland, til denne modbydelige og enerverende litteraturs domæne

2) Conservative Socialism, or Bourgeoisie Socialism
2) Konservativ socialisme eller borgerlig socialisme

A part of the Bourgeoisie is desirous of redressing social grievances

En del af bourgeoisiet ønsker at råde bod på sociale klager

in order to secure the continued existence of Bourgeoisie society

for at sikre det borgerlige samfunds fortsatte eksistens

To this section belong economists, philanthropists, humanitarians

Til denne sektion hører økonomer, filantroper, humanister

improvers of the condition of the working class and organisers of charity

Forbedringer af arbejderklassens vilkår og organisatorer af velgørenhed

members of societies for the prevention of cruelty to animals

medlemmer af selskaber til forebyggelse af dyremishandling

temperance fanatics, hole-and-corner reformers of every imaginable kind

afholdsfanatikere, hul-og-hjørne-reformatorer af enhver tænkelig art

This form of Socialism has, moreover, been worked out into complete systems

Denne form for socialisme er desuden blevet udarbejdet til komplette systemer

We may cite Proudhon's "Philosophie de la Misère" as an example of this form

Vi kan nævne Proudhons "Philosophie de la Misère" som et eksempel på denne form

The Socialistic Bourgeoisie want all the advantages of modern social conditions

Det socialistiske bourgeoisi ønsker alle fordelene ved moderne samfundsforhold

but the Socialistic Bourgeoisie don't necessarily want the resulting struggles and dangers

men det socialistiske bourgeoisi ønsker ikke nødvendigvis de
deraf følgende kampe og farer
**They desire the existing state of society, minus its
revolutionary and disintegrating elements**
De ønsker den eksisterende samfundstilstand minus dets
revolutionære og opløsende elementer
**in other words, they wish for a Bourgeoisie without a
proletariat**
med andre ord, de ønsker et bourgeoisi uden proletariat
**The Bourgeoisie naturally conceives the world in which it is
supreme to be the best**
Bourgeoisiet forestiller sig naturligvis den verden, hvor det er
suverænt at være den bedste
**and Bourgeoisie Socialism develops this comfortable
conception into various more or less complete systems**
og borgersocialismen udvikler denne behagelige opfattelse til
forskellige mere eller mindre komplette systemer
**they would very much like the proletariat to march
straightway into the social New Jerusalem**
de ville meget gerne have, at proletariatet straks marcherede
ind i det sociale nye Jerusalem
**but in reality it requires the proletariat to remain within the
bounds of existing society**
men i virkeligheden kræver det, at proletariatet holder sig
inden for det eksisterende samfunds grænser
**they ask the proletariat to cast away all their hateful ideas
concerning the Bourgeoisie**
de beder proletariatet om at forkaste alle deres hadefulde
ideer om bourgeoisiet
**there is a second more practical, but less systematic, form of
this Socialism**
der er en anden mere praktisk, men mindre systematisk form
for denne socialisme
**this form of socialism sought to depreciate every
revolutionary movement in the eyes of the working class**

Denne form for socialisme forsøgte at nedvurdere enhver
revolutionær bevægelse i arbejderklassens øjne
**they argue no mere political reform could be of any
advantage to them**
De hævder, at ingen simpel politisk reform kan være til nogen
fordel for dem
**only a change in the material conditions of existence in
economic relations are of benefit**
kun en ændring af de materielle betingelser for eksistensen i
de økonomiske forhold er til gavn for
**like communism, this form of socialism advocates for a
change in the material conditions of existence**
Ligesom kommunismen går denne form for socialisme ind for
en ændring af de materielle eksistensbetingelser
**however, this form of socialism by no means suggests the
abolition of the Bourgeoisie relations of production**
men denne form for socialisme antyder på ingen måde
afskaffelsen af bourgeoisiets produktionsforhold
**the abolition of the Bourgeoisie relations of production can
only be achieved through a revolution**
afskaffelsen af bourgeoisiets produktionsforhold kan kun
opnås gennem en revolution
**but instead of a revolution, this form of socialism suggests
administrative reforms**
Men i stedet for en revolution foreslår denne form for
socialisme administrative reformer
**and these administrative reforms would be based on the
continued existence of these relations**
og disse administrative reformer vil være baseret på disse
forbindelsers fortsatte eksistens
**reforms, therefore, that in no respect affect the relations
between capital and labour**
reformer, der på ingen måde påvirker forholdet mellem
kapital og arbejde
**at best, such reforms lessen the cost and simplify the
administrative work of Bourgeoisie government**

i bedste fald mindsker sådanne reformer omkostningerne og
forenkler borgerskabets regerings administrative arbejde
**Bourgeois Socialism attains adequate expression, when, and
only when, it becomes a mere figure of speech**
Den borgerlige socialisme opnår et fyldestgørende udtryk, når
og kun når den bliver en simpel talemåde
Free trade: for the benefit of the working class
Frihandel: til gavn for arbejderklassen
Protective duties: for the benefit of the working class
Beskyttelsestold: til gavn for arbejderklassen
Prison Reform: for the benefit of the working class
Fængselsreform: til gavn for arbejderklassen
**This is the last word and the only seriously meant word of
Bourgeoisie Socialism**
Dette er det sidste ord og det eneste seriøst mente ord i den
borgerlige socialisme
**It is summed up in the phrase: the Bourgeoisie is a
Bourgeoisie for the benefit of the working class**
Det er opsummeret i sætningen: Borgerskabet er et borgerskab
til gavn for arbejderklassen

3) Critical-Utopian Socialism and Communism
3) Kritisk-utopisk socialisme og kommunisme

We do not here refer to that literature which has always given voice to the demands of the proletariat
Vi henviser her ikke til den litteratur, der altid har givet udtryk for proletariatets krav

this has been present in every great modern revolution, such as the writings of Babeuf and others
dette har været til stede i enhver stor moderne revolution, såsom Babeufs og andres skrifter

The first direct attempts of the proletariat to attain its own ends necessarily failed
Proletariatets første direkte forsøg på at nå sine egne mål mislykkedes nødvendigvis

these attempts were made in times of universal excitement, when feudal society was being overthrown
Disse forsøg blev gjort i tider med universel spænding, da det feudale samfund blev styrtet

the then undeveloped state of the proletariat led to those attempts failing
proletariatets dengang uudviklede tilstand førte til, at disse forsøg mislykkedes

and they failed due to the absence of the economic conditions for its emancipation
og de mislykkedes på grund af manglen på de økonomiske betingelser for dens frigørelse

conditions that had yet to be produced, and could be produced by the impending Bourgeoisie epoch alone
betingelser, der endnu ikke var blevet frembragt, og som kunne skabes af den forestående borgerskabsepoke alene

The revolutionary literature that accompanied these first movements of the proletariat had necessarily a reactionary character

Den revolutionære litteratur, der ledsagede disse
proletariatets første bevægelser, havde nødvendigvis en
reaktionær karakter
**This literature inculcated universal asceticism and social
levelling in its crudest form**
Denne litteratur indprentede universel askese og social
nivellering i sin groveste form
**The Socialist and Communist systems, properly so called,
spring into existence in the early undeveloped period**
De socialistiske og kommunistiske systemer, egentlig såkaldte,
opstår i den tidlige uudviklede periode
**Saint-Simon, Fourier, Owen and others, described the
struggle between proletariat and Bourgeoisie (see Section 1)**
Saint-Simon, Fourier, Owen og andre beskrev kampen mellem
proletariat og borgerskab (se afsnit 1)
**The founders of these systems see, indeed, the class
antagonisms**
Grundlæggerne af disse systemer ser faktisk
klassemodsætningerne
**they also see the action of the decomposing elements, in the
prevailing form of society**
de ser også de nedbrydende elementers virkning i den
fremherskende samfundsform
**But the proletariat, as yet in its infancy, offers to them the
spectacle of a class without any historical initiative**
Men proletariatet, der endnu er i sin vorden, tilbyder dem et
skuespil af en klasse uden noget historisk initiativ
**they see the spectacle of a social class without any
independent political movement**
de ser synet af en social klasse uden nogen uafhængig politisk
bevægelse
**the development of class antagonism keeps even pace with
the development of industry**
Udviklingen af klassemodsætninger holder trit med
industriens udvikling

so the economic situation does not as yet offer to them the material conditions for the emancipation of the proletariat

Den økonomiske situation tilbyder dem derfor endnu ikke de materielle betingelser for proletariatets befrielse

They therefore search after a new social science, after new social laws, that are to create these conditions

De søger derfor efter en ny samfundsvidenskab, efter nye sociale love, der skal skabe disse betingelser

historical action is to yield to their personal inventive action

historisk handling er at give efter for deres personlige opfindsomhed

historically created conditions of emancipation are to yield to fantastic conditions

Historisk skabte betingelser for frigørelse skal vige for fantastiske betingelser

and the gradual, spontaneous class-organisation of the proletariat is to yield to the organisation of society

og proletariatets gradvise, spontane klasseorganisering skal vige for samfundets organisation

the organisation of society specially contrived by these inventors

den organisering af samfundet, der er specielt udtænkt af disse opfindere

Future history resolves itself, in their eyes, into the propaganda and the practical carrying out of their social plans

Fremtidens historie opløser sig i deres øjne i propagandaen og den praktiske gennemførelse af deres sociale planer

In the formation of their plans they are conscious of caring chiefly for the interests of the working class

Ved udformningen af deres planer er de bevidste om, at de først og fremmest tager sig af arbejderklassens interesser

Only from the point of view of being the most suffering class does the proletariat exist for them

Kun ud fra det synspunkt, at det er den mest lidende klasse, eksisterer proletariatet for dem

The undeveloped state of the class struggle and their own surroundings inform their opinions

Klassekampens uudviklede tilstand og deres egne omgivelser præger deres meninger

Socialists of this kind consider themselves far superior to all class antagonisms

Socialister af denne art betragter sig selv som langt overlegne i forhold til alle klassemodsætninger

They want to improve the condition of every member of society, even that of the most favoured

De ønsker at forbedre forholdene for alle medlemmer af samfundet, selv for de mest begunstigede

Hence, they habitually appeal to society at large, without distinction of class

Derfor appellerer de sædvanligvis til samfundet som helhed, uden skelnen til klasse

nay, they appeal to society at large by preference to the ruling class

nej, de appellerer til samfundet som helhed ved at foretrække den herskende klasse

to them, all it requires is for others to understand their system

For dem er alt, hvad det kræver, at andre forstår deres system

because how can people fail to see that the best possible plan is for the best possible state of society?

For hvordan kan folk undgå at se, at den bedst mulige plan er for den bedst mulige samfundstilstand?

Hence, they reject all political, and especially all revolutionary, action

Derfor afviser de enhver politisk og især al revolutionær handling

they wish to attain their ends by peaceful means

de ønsker at nå deres mål med fredelige midler

they endeavour, by small experiments, which are necessarily doomed to failure

de bestræber sig ved små eksperimenter, som nødvendigvis er
dømt til at mislykkes

**and by the force of example they try to pave the way for the
new social Gospel**

og ved eksemplets kraft forsøger de at bane vejen for det nye
sociale evangelium

**Such fantastic pictures of future society, painted at a time
when the proletariat is still in a very undeveloped state**

Sådanne fantastiske billeder af fremtidens samfund, malet på
et tidspunkt, hvor proletariatet stadig er i en meget uudviklet
tilstand

**and it still has but a fantastical conception of its own
position**

og den har stadig kun en fantastisk opfattelse af sin egen
position

**but their first instinctive yearnings correspond with the
yearnings of the proletariat**

men deres første instinktive længsler svarer til proletariatets
længsler

both yearn for a general reconstruction of society

begge længes efter en generel genopbygning af samfundet

**But these Socialist and Communist publications also contain
a critical element**

Men disse socialistiske og kommunistiske publikationer
indeholder også et kritisk element

They attack every principle of existing society

De angriber ethvert princip i det eksisterende samfund

**Hence they are full of the most valuable materials for the
enlightenment of the working class**

Derfor er de fulde af de mest værdifulde materialer til
oplysning af arbejderklassen

**they propose abolition of the distinction between town and
country, and the family**

de foreslår afskaffelse af sondringen mellem by og land, og
familien

the abolition of the carrying on of industries for the account of private individuals
afskaffelse af udøvelse af industrier for privatpersoners regning
and the abolition of the wage system and the proclamation of social harmony
og afskaffelse af lønsystemet og proklamation af social harmoni
the conversion of the functions of the State into a mere superintendence of production
omdannelsen af statens funktioner til en simpel overvågning af produktionen
all these proposals, point solely to the disappearance of class antagonisms
Alle disse forslag peger udelukkende på klassemodsætningernes forsvinden
class antagonisms were, at that time, only just cropping up
Klassemodsætninger var på det tidspunkt kun lige ved at dukke op
in these publications these class antagonisms are recognised in their earliest, indistinct and undefined forms only
I disse publikationer er disse klassemodsætninger kun genkendt i deres tidligste, utydelige og udefinerede former
These proposals, therefore, are of a purely Utopian character
Disse forslag er derfor af rent utopisk karakter
The significance of Critical-Utopian Socialism and Communism bears an inverse relation to historical development
Betydningen af den kritisk-utopiske socialisme og kommunisme står i omvendt forhold til den historiske udvikling
the modern class struggle will develop and continue to take definite shape
Den moderne klassekamp vil udvikle sig og fortsætte med at tage bestemt form

this fantastic standing from the contest will lose all practical value

Denne fantastiske status fra konkurrencen vil miste al praktisk værdi

these fantastic attacks on class antagonisms will lose all theoretical justification

Disse fantastiske angreb på klassemodsætninger vil miste enhver teoretisk berettigelse

the originators of these systems were, in many respects, revolutionary

ophavsmændene til disse systemer var i mange henseender revolutionære

but their disciples have, in every case, formed mere reactionary sects

men deres disciple har i alle tilfælde kun dannet reaktionære sekter

They hold tightly to the original views of their masters

De holder fast i deres herrers oprindelige synspunkter

but these views are in opposition to the progressive historical development of the proletariat

Men disse anskuelser står i modsætning til proletariatets fremadskridende historiske udvikling

They, therefore, endeavour, and that consistently, to deaden the class struggle

De bestræber sig derfor på, og det konsekvent, at dræbe klassekampen

and they consistently endeavour to reconcile the class antagonisms

og de bestræber sig konsekvent på at forsone klassemodsætningerne

They still dream of experimental realisation of their social Utopias

De drømmer stadig om eksperimentel realisering af deres sociale utopier

they still dream of founding isolated "phalansteres" and establishing "Home Colonies"

de drømmer stadig om at grundlægge isolerede "falansterer" og etablere "hjemmekolonier"

they dream of setting up a "Little Icaria"—duodecimo editions of the New Jerusalem

de drømmer om at oprette en "Lille Ikaria" – duodecimo-udgaver af det nye Jerusalem

and they dream to realise all these castles in the air

og de drømmer om at realisere alle disse luftslotte

they are compelled to appeal to the feelings and purses of the bourgeois

de er tvunget til at appellere til borgerskabets følelser og pengepunge

By degrees they sink into the category of the reactionary conservative Socialists depicted above

Lidt efter lidt synker de ned i kategorien af reaktionære konservative socialister, der er skildret ovenfor

they differ from these only by more systematic pedantry

de adskiller sig kun fra disse ved mere systematisk pedanteri

and they differ by their fanatical and superstitious belief in the miraculous effects of their social science

og de adskiller sig ved deres fanatiske og overtroiske tro på de mirakuløse virkninger af deres samfundsvidenskab

They, therefore, violently oppose all political action on the part of the working class

De modsætter sig derfor voldsomt enhver politisk aktion fra arbejderklassens side

such action, according to them, can only result from blind unbelief in the new Gospel

en sådan handling kan ifølge dem kun være et resultat af blind vantro på det nye evangelium

The Owenites in England, and the Fourierists in France, respectively, oppose the Chartists and the "Réformistes"

Owenitterne i England og fourieristerne i Frankrig er imod chartisterne og "réformisterne"

Position of the Communists in Relation to the Various Existing Opposision Parties
Kommunisternes stilling i forhold til de forskellige eksisterende oppositionspartier

Section II has made clear the relations of the Communists to the existing working-class parties
Afsnit II har gjort kommunisternes forhold til de eksisterende arbejderpartier klarlagt.
such as the Chartists in England, and the Agrarian Reformers in America
såsom chartisterne i England og de agrariske reformatorer i Amerika
The Communists fight for the attainment of the immediate aims
Kommunisterne kæmper for at nå de umiddelbare mål
they fight for the enforcement of the momentary interests of the working class
de kæmper for håndhævelsen af arbejderklassens øjeblikkelige interesser
but in the political movement of the present, they also represent and take care of the future of that movement
Men i nutidens politiske bevægelse repræsenterer og tager de sig også af denne bevægelses fremtid
In France the Communists ally themselves with the Social-Democrats
I Frankrig allierer kommunisterne sig med socialdemokraterne
and they position themselves against the conservative and radical Bourgeoisie
og de stiller sig op mod det konservative og radikale bourgeoisi
however, they reserve the right to take up a critical position in regard to phrases and illusions traditionally handed down from the great Revolution

de forbeholder sig dog retten til at indtage en kritisk holdning
til fraser og illusioner, der traditionelt er overleveret fra den
store revolution
**In Switzerland they support the Radicals, without losing
sight of the fact that this party consists of antagonistic
elements**
I Schweiz støtter de de radikale uden at tabe af syne, at dette
parti består af fjendtlige elementer
**partly of Democratic Socialists, in the French sense, partly of
radical Bourgeoisie**
dels af demokratiske socialister, i fransk forstand, dels af
radikale bourgeoisi
**In Poland they support the party that insists on an agrarian
revolution as the prime condition for national emancipation**
I Polen støtter de det parti, der insisterer på en
landbrugsrevolution som den primære betingelse for national
frigørelse
**that party which fomented the insurrection of Cracow in
1846**
det parti, der anstiftede opstanden i Krakow i 1846
**In Germany they fight with the Bourgeoisie whenever it acts
in a revolutionary way**
I Tyskland kæmper de med bourgeoisiet, når det handler
revolutionært
**against the absolute monarchy, the feudal squirearchy, and
the petty Bourgeoisie**
mod enevælden, det feudale godsejerskab og småborgerskabet
**But they never cease, for a single instant, to instil into the
working class one particular idea**
Men de ophører aldrig et øjeblik med at indgyde
arbejderklassen en bestemt idé
**the clearest possible recognition of the hostile antagonism
between Bourgeoisie and proletariat**
den klarest mulige erkendelse af det fjendtlige
modsætningsforhold mellem bourgeoisiet og proletariatet

so that the German workers may straightaway use the weapons at their disposal

således at de tyske arbejdere straks kan bruge de våben, de har til rådighed

the social and political conditions that the Bourgeoisie must necessarily introduce along with its supremacy

de sociale og politiske betingelser, som bourgeoisiet nødvendigvis må indføre sammen med dets overherredømme

the fall of the reactionary classes in Germany is inevitable

de reaktionære klassers fald i Tyskland er uundgåeligt

and then the fight against the Bourgeoisie itself may immediately begin

og så kan kampen mod selve bourgeoisiet straks begynde

The Communists turn their attention chiefly to Germany, because that country is on the eve of a Bourgeoisie revolution

Kommunisterne vender hovedsagelig deres opmærksomhed mod Tyskland, fordi dette land står på tærsklen til en borgerlig revolution

a revolution that is bound to be carried out under more advanced conditions of European civilisation

en revolution, der uundgåeligt vil blive gennemført under mere avancerede forhold i den europæiske civilisation

and it is bound to be carried out with a much more developed proletariat

og det må nødvendigvis udføres med et langt mere udviklet proletariat

a proletariat more advanced than that of England was in the seventeenth, and of France in the eighteenth century

et proletariat, der var mere avanceret end Englands, var i det syttende og Frankrig i det 18. århundrede

and because the Bourgeoisie revolution in Germany will be but the prelude to an immediately following proletarian revolution

og fordi den borgerlige revolution i Tyskland kun vil være optakten til en umiddelbart efterfølgende proletarisk revolution

In short, the Communists everywhere support every revolutionary movement against the existing social and political order of things

Kort sagt, kommunisterne støtter overalt enhver revolutionær bevægelse mod den bestående sociale og politiske orden

In all these movements they bring to the front, as the leading question in each, the property question

I alle disse bevægelser bringer de ejendomsspørgsmålet frem som det ledende spørgsmål i hver af dem

no matter what its degree of development is in that country at the time

uanset hvor stor dens udviklingsgrad er i det pågældende land på det tidspunkt

Finally, they labour everywhere for the union and agreement of the democratic parties of all countries

Endelig arbejder de overalt for foreningen og tilslutningen mellem de demokratiske partier i alle lande

The Communists disdain to conceal their views and aims

Kommunisterne foragter at skjule deres synspunkter og mål

They openly declare that their ends can be attained only by the forcible overthrow of all existing social conditions

De erklærer åbent, at deres mål kun kan nås ved at omstyrte alle eksisterende sociale forhold med magt

Let the ruling classes tremble at a Communistic revolution

Lad de herskende klasser skælve over en kommunistisk revolution

The proletarians have nothing to lose but their chains

Proletarerne har intet andet at tabe end deres lænker

They have a world to win

De har en verden at vinde

WORKING MEN OF ALL COUNTRIES, UNITE!

ARBEJDENDE MÆND FRA ALLE LANDE, FOREN JER!

www.tranzlaty.com

9 781835 664384